문어는 심장이 세 개
강지혜 시집

문학동네시인선 246 강지혜
문어는 심장이 세 개

시인의 말

그거 알아?
이거 영원히 안 떼어지는 스티커야

2025년 12월
강지혜

차례

시인의 말   005

1부 갓 태어난 초식동물처럼

초식동물   012
문어는 심장이 세 개   014
비선형적 시간의 순간 너머   017
I know you take your child now   020
야적장   022
결혼하고 싶어   024
야적장   026
모든 면역은 장에서부터   029
산록도로   032
칠칠맞게   034
접촉   036

2부 영원히 기억되지 않으려면 어떻게 해야 하나요?

인장(印章)	040
모든 종이	042
도주	044
옆 돌기의 시대	047
사발	050
안부	052
매력적인 무알코올에 대하여	054
탕웨이	056
사람의 시	059
멀리 던지기—신도리에서	062
서점지기의 오후	064
마리모	066
통창	068

3부 너는 떠나갈 것 반드시

분수	072
자리끼	074
웡웡	076
배와 배	078
아로니아 말리기—「엄마 걱정」이어 쓰기	081
삼월	084
퇴근 후	086
얼굴과 구두	088
불꽃놀이해파리	091
호박	094
해무	097
자왈	100

4부 돌이 죽어 있다면 돌은 사랑할 수 없나

결석	102
이혼과 죽음	105
독	106
산책 후에	108
흰 개	110
한글 안 해	112
꿈을 없애는 약	115
우리는 없는 기호―〈헤어질 결심〉이어 쓰기	116
데모	118
필요와 사랑의 탄생	121
요실금	124
야경증	127
돌	129

해설 | 아이(I)와 아이〔童〕가 만날 때 탄생하는 말　133
　　　 | 김나영(문학평론가)

1부
갓 태어난 초식동물처럼

초식동물

나의 파잔*은 언제 어디서부터인가

초식동물로 자라났다

세상은 나에게 관심이 없고
나는 유일한데
자의식과 꿈만이 다리를 만진다

셀피를 찍는 어린 코끼리

뒤에서 다가오는 맹수의 이빨을
평생 감각하면서

부드러운 귀와
아직 덜 자란 상아를
두들겨 패는 몽둥이
덜덜 떨며 기다리면서
기다리다 날아오는 매를
정인(情人)처럼 반기면서
매질이 멈춘 순간을
되찾은 엄마 코끼리인 양
울부짖으며 반기면서
어느새 나는 커다란

공
위에 서 있었다

네 개의 발로 공을 굴리며
앞으로
뒤로
앞으로

긴 코를 들어 관객에게 인사를
비뚤어진 고깔모자를 바로잡는다

짝짝짝짝짝짝짝짝짝짝짝짝짝짝짝짝
짝짝짝짝짝짝짝짝짝짝짝짝짝짝짝
짝짝짝짝짝짝짝짝짝짝짝짝짝짝짝

잃는다
내가 태어난 숲의 이름
잊어야 한다

나의
이름

* 어린 코끼리를 학대해서 야생성을 말살시키는 의식.

문어는 심장이 세 개

엄마, 그거 알아?
문어는 심장이 세 개래

불길한 벨소리가 울린다
아슬아슬하게 조율된 악기의 현처럼
심장은 벼려진다

문어는 심장이 세 개고
나는 심장이 한 개인데
감당할 수 없는 혈류가
모여서 심방과 심실의 규칙이 엉망인데

비정형 흐름은
언제 튀어나올지 알 수 없어 무서운
어둠 속 무수한 발처럼
정수리를 쿵쿵쿵쿵
밟아댄다

달에는 구름이 가고
하늘에나 바다에나
어둠은 빛을 담보하는데

그거 알아?

공포는 상상력이 뛰어난 사람의 재능이래
아직 일어나지도 않은 일을
자꾸 생각하지 마

문어는 심장이 세 개고
검푸른 바다는 모두
어차피 나의 것인데
별이 쏟아지는 밤하늘처럼
빛나는 눈동자
그러나 흔들리는

나는 왜 심장이 하나야
두 개 더 있다면 두렵지 않을까

나약하고
물컹이는
발들 사이로

슬픔은 무엇의 재능일까

아내는 매일 슬퍼,

매일 슬픈 자를 보는 사람의 심장은 몇 개일까

남편의 아이스박스에는 문어가 여섯 마리
가장 작은 문어는 놓아주자
이건 먹으면 죄받아

질겅질겅 잘도 씹으면서
죄와 벌을 논하면서
딱 붙어서 떨어지지 않는 위악
떼어내려면 살점이 떨어져나가야 해
상처는 붉고
혈관은 검고
바다는 푸르고

문어의 심장은 세 개고

모두에겐 심장이 하나 이상 있다는데

어디를 무엇을 먹고 있는 걸까

비선형적 시간의 순간 너머

SING SING SING

바퀴는 언제나 구른다

우리는 단 하나의 선 앞에서
실소를 터뜨릴 수밖에

시간은 흐르는 게 아닐지도 몰라

유리문을 열고 들어서면
큰 소리로 울리는 최신 유행 가요
박자가 몸을 통하고
어쩔 수 없이 시간을 가둬
어깨가 흔들흔들
고개가 까닥까닥

아이가 갓 태어난 초식동물처럼
비척비척 롤러스케이트를 타고 걷는다

제 머리보다 큰 헬멧이 자꾸 눈을 가려
헬멧을 고쳐 올리면서도
천천히 바퀴를 굴리며 나아간다

─ 엉덩이로
무릎으로
넘어지면서

보조 기구를 밀며 걸어도 보고
스케이트장 가운데 설치된 철제 기둥을 잡고 미끄러지며 걷고, 걸으며

오랜만에 스케이트를 신자, 발을 감싸는 뜨거운 체온, 내가 갈 방향을 내 마음대로 할 수 없다는 두려움과 흥분, 여기서는 넘어져도 괜찮다고
인라인스케이트를 신고
내리막길을 질주했던 열세 살의 내가 상급자 트랙에서
이리저리 몸을 흔든다

지금의 나는 롤러스케이트 위에서 위태롭게
또한 신선하게 휘청이고

바퀴는 직선으로 굴리는 게 아니라
한 발 한 발 바닥을 지치며 나아가는 거야

어떤 흐름에 기어이 흔적을 내며 달려가는 일
심장의 박동을 숭배하는 일

저기 스케이트를 탄 네가 온다

나에게 와서
쓰러진다

열세 살의 나와 일곱 살의 너의
달뜬 얼굴로

I know you take your child now

안녕하세요 내가 그 야적장을 낳은 여자예요 야적장은 잘 있나요 벽돌과 모래와 덤프트럭과 철근과 전선 드럼과 슬픔과 괴로움과 고통과 뼈와 기쁨이 아직 잘 살아 있나요 야적장에게 전해주세요 우리 한바탕 울고 나면 너도 나도 죽진 않을 수 있다고 깊은 잠을 자라고 내가 어떻게 이 시간까지 잤지 되묻게 되는 잠을 자라고 이제 내가 옆에 있겠다고 건물이 되지 못한 건축자재가 쌓인 곳에서도 광대풀꽃은 지겹게 살아 있었다 제초제를 뿌려도 그때뿐 뿌리를 들어내도 그때뿐

야적장 둘레는 철근과 철판으로 엮여 있고 비를 맞고 눈을 맞아도 녹슬지 않았다 야적장의 외부를 관리하는 이는 아무도 없는데 야적장 한편에는 조금 더 작은 자재가 정리되어 있는 비닐하우스가 있고 자재가 들고 나는 것을 체크해야 하니까 사무실 노릇을 하는 컨테이너가 있다 커다랗게 관리인 전화번호와 경고문이 붙어 있다 도난 방지를 위해 CCTV 촬영중입니다 문의 사항이 있으면 이쪽으로 연락 바랍니다

우연히 통화 소리를 들었다 여자는 울며 알 수 없는 말을 이어갔고 수화기를 들고 있는 사람은 뒷모습만 보여서 표정을 상상할 수밖에 없었다 아마도 그는…… 글쎄, 언젠가 누군가 서기의 우는 얼굴을 보고 놀라서 죽었다는 것 같던데 나는 관리인인지 그냥 어떤 여자의 자식인지 모를 그의 뒷

모습을 보고 슬프거나 안타깝지는 않았다 그는 야적장일 테니까 이 야적장은 내가 보기엔 완벽하니까

이 야적장에는 그 흔한 쓰레기 불법 투기도 없어 그저 곤히 잠들어 있는 크고 작은 중장비들 건설자재들 아름답다 야적장을 낳은 여자를 상상해보자 그의 결단과 그의 임신 기간을 감각해보자 후, 나는 못해 나는 아마 어려웠을 거야 나는 그 여자를 어리석다고 생각하지 않는다* 그 여자를 사랑해야 한다 지긋지긋한 들풀의 흔들림을 끝내 사랑했듯이 복중의 야적장은 힘차게 발길질을 해댔겠지

야적장 바로 옆에는 노란 장미가 심어져 있다 사계절 내내 장미는 빛을 뿜는다 여기에는 없는 게 없다

* 기형도, 「기억할 만한 지나침」.

야적장

어떤 죽음은 함께 살기엔
너무 크게 자라서

야적장에 두어야 한다

비극은 눈물을 흘려서
세를 불리니까

첫새벽, 악을 지르며 내 침대로 찾아드는 아이에게
쉬이- 쉬-
나는 항상 여기 있어
말했지만

정말일까

매 순간 우리에게
시간이 넘실대는데
질병이 도사리는데

그의 평안은 요원하고

거대한 철제 가림막들은 철제 파이프로 연결되어 있고
철제 파이프들은 철사로 이어져 있다

철은 녹슨다
철은 정직하니까

여기는 언제나 사람이 없고
바람과 벽돌 몇이 웅크리고 앉아
전쟁이나 시 따위를 태우고 있다

따뜻하려고

아이와 손잡고 야적장 옆을 지날 때
기다란 꿩 꼬리털을 주워 들고 그가 해사하게 웃을 때

방수포로 덮여 있던 비극이
얌전히 놓여 있던 죽음이
부스스 몸을 턴다

신을 믿지도 않으면서 나는 무릎을 꿇는다
두 손을 모으고 눈을 감고 간절히 기원한다

부디 그에게 평안을 주세요…… 그에게 평안을…… 평안을……

결혼하고 싶어

어두운 곳으로 걸으면 별이 보이지
빛이 많은 곳에선
고통이 드러날까

별건 아니더라고

왜 너는 내가 아닌가에 대한 해답
우리는 이미 허구이고
나는 나로 너는 너로 죽겠지
근데 그거 알아?
허구 속에서도 사람은 태어나더라구?
그렇게 인류가 이어져온 거라니
대단한 건 아니지

소중한 것은 걸음들
시간 속으로 촘촘히 박아넣는 이 순간의 순간들

사실은 그저 너를 저주하고 싶어

네 말이 맞아
네가 실패한 장면 안에 서서
큰 소리로 너를 비웃어주고 싶어

들켜서 당황한 것뿐
그래서 결혼한 것뿐

건강보험을 얼마 내는지
침대나 조수석 밑에
오만원 몇 장이 굴러다니는지

인구 절벽의 나라에서
바위틈 사이에 핀 들꽃을 떠올린다면

무엇보다 낭만을
누구보다 낭만을
거주지에
시대에 뿌리고 싶은 거지

아무것도 모르는 너는 사랑스럽다
어제 너는 내 무릎을 베고 코를 골고
오늘 나는 노을 속에 성혼을 선언한다

  두 사람은 서로에게 진심을 다하며 검은 머리 파뿌리 될 때까지 서로만을 아끼며 사랑할 것을 맹세합니까?
  네! / 네!

야적장

발자국만으로 알 수 있을까
이자는 선한가
악한가

우리가 알 수 있는 것은 고작
천둥소리 들리면
이제 곧 눈이 쏟아지겠구나

관객 없는 연극무대
아니 모두가 배우인

틀린 대사를 하는 족제비들
버려진 사람 머리 인형
오래전에 보았던 비디오

모래 산

평생 달아난 적 없는 이명과
그보다 더 큰 비명
사르락사르락 대나무 숲 속에서 우는 바람
뒤통수를 걷어차인 용병들

무엇이든 짝 잃은 것들

버리러 간다
버리려다 버려진 것들이 자신을 버리러
버리려고 안간힘을 쓰던 것들이 끝내 버리지 못한 것을 버
릴 마음을 먹을 순간을 버리러

쌓아두는 것이 목적인 땅에
남몰래 정념을 버리는 자들아

내 땅에서 나가라

CCTV 촬영중

눈감은 땅
차가운 컨테이너

쌓이고 쌓이지만 늘거나 줄지 않는 전선 드럼

기침 소리가 들린다
누구의 그림자도 볼 수 없는 땅에서

누구냐!
어디냐!

밝은 장미가 핀다
샛노랗게
남모르게
이 겨울에

모든 면역은 장에서부터

건강한 사람의 대변을 이식하면
건강한 대장이 된다는 이야기는

어느 쪽으로 보아도 당연한 것

이 폐허 속에서 우리는
똘똘 뭉쳐야 해 우리끼리 뭉쳐서

종양이 될 수밖에

정말일까, 그럴 수밖에 없었을까

변화에 관여할 수 있는 기회가 우리에게도 있었을까?

대장 내시경을 위해 하루종일 배변을 했다
투명한 액체가 흘러나올 때까지
마취제를 목구멍 끝까지 밀어넣고
하지만 삼키지는 말고 삼 분

삼 분 동안
　입술과 입안 목젖과 기도 식도와 폐 위장과 십이지장 쓸개와 자궁 소장과 대장 방광과 요도 질과 항문에 대한 시를 자동적으로 떠올리고 "명작이다. 이건 세상에 다시없을 명작

─ 이 될 거야" 하나의 관(管)에 대한 이야기를, 영원한 관(棺)
에 대한 이야기를

    차가운 침대 위에 올라가 핏줄에 링거를 연결하고
    모로 눕는다 엉덩이를 최대한 내밀고
    십부터 거꾸로 세세요

    십 구 팔

    채 칠을 못 센 채
    모든 이야기를 잊는다

명작을 잊고

명작을 탄생시킨
작가의 예리한 시선에 대해
싹 잊어버린다

회복실 천장을 한참 바라보아도

무슨 헛소리를 하진 않았을까
창피할 일은 없었나
아무것도 기억나지 않는다

기억나지 않는 것은 선물 같은 일

샘종 두 개를 떼어냈단다
암으로 발전할 수 있는
질 나쁜 덩어리였다고 한다
빨리 발견해서 다행이라고
이 년 후에도 꼭 검사하라고

살았다는 안도감에 취해
깨끗해진 대장에 썩은 것을 채우러 간다

면역에 도움이 되지 않는 것으로
짜고 달고 매운 것으로

산록도로

방금 지나친 무덤에는
등갈퀴나물이 얽혀 있고
저 앞의 무덤에서는 노루가
풀을 뜯는다

무덤과 삶의 경계가 허물어진 길

여기서 끝나버린 생을 몇 알고 있다

오후의 햇빛이 키 큰 나무 사이로 찢어지고

눈으로 핥을 수 없는
작은 틈에는 더 작은 벌레들
들을 수 없는 합창

저 언덕에서는 썰매를 탔고
저 경사면에서 전력으로 브레이크를 밟았다
멈추고 미끄러지는 것은
모두 형제처럼 닮았고

거대한 송전탑들
그 사이를 잇는 고압전선이
시간을 가늠할 수 없게 한다

하지만 시간보다 더 깊은 날개를 가진
까마귀들
까마귀는 인간의 삶을 모으지 않는다
그것은 빛나지 않으니까

비가 내리지 않으면 건천이 되는 계곡
슬픔이 내리지 않으면 들판이 되는 평안

말들은 푸른 안녕을 뜯어먹는다

우리는 가파름과 식생을 오해하고 있다
그것은 완전히 우리를
해칠 수 있다

이 길은 그만큼이나 곡해되었다

여기에는 로맨스 또는 스릴러가
그러니까 삶의 한 장면이,
이 길을 달리며 얼마나
당황하고 있는지

영원히 알 수 없을 것이다

칠칠맞게

또 돌이킬 수 없는 일을 하였구나

언제부터 이것이 여기에 있었지

뿌리내린 너는
떠날 줄을 모른다

여기에 앉았다, 는 말을 우습게 보았다
자리한다, 는 말을 무심히 넘겼다

지워지지 않는다
지워지지 않을 수밖에

얼룩이 많은 사람을 사랑했다
나와 닮아서

틈이 많은 너와
그 틈으로 스미는 바람을
모두 흠모했다

너의 얼룩 속에서
나는 오필리아로
어리고 어리석은 막내 인어로

몇 번이고
빠져 죽었다

늘 시간이 문제였다
최대한 빨리 지운다면
없앨 수 있다

없앨 수 있었을 텐데

굼뜬 것은
손일까
마음일까

얼룩덜룩 흘러가는
시간 속에서

흔적만 남은 표면을 문지르며

어쩔 수 없는 일이었다
어쩔 수 없어서
좋았다고 읊조렸다

접촉

　나는 이 여자를 알고 있다
　몇 년 전 만삭의 배로 내 위에 넘어진 적이 있다
　그날 여자는 태아가 잘못된 것이 아닐까 그렇다면 그건 모두 내 탓인데
　과연 아이를 잃고 나는 살아갈 수 있을까 혼자 짊어질 수 있을까
　밤새워 울었다
　이 여자는 또다시 내 위로 쓰러졌다
　꽤 묵직한 의자를 들고 슬리퍼를 신은 제 발에 제 발이 걸렸다
　여자의 갈비뼈와 골반뼈가 동시에 느껴졌다
　내 위로 쓰러진 여자가 잠시 동안 숨을 쉬지 않았다
　억…… 억…… 하는 소리를 내며 꿈틀거렸다
　여자는 부러진 늑골이 장기를 찌르고 있는 게 분명하다고 생각했다
　내일 할일과 다음주에 예정되어 있는 일과 새해에 계획한 일이 모두 틀어지고 있었다
　더듬더듬 기어서 층계에 기댄 여자는 신음했다

　흥미로운 것은 이 여자와 동시에 내 위로 쓰러지는 것들이 많았다는 점이다
　포격을 맞은 병원 안의 사람들과 아사하는 북극곰과 민들레 씨앗들

인종차별주의자들의 침과 코카콜라맛 풍선껌 종이
새어나가선 안 될 비밀이 담긴 휴대폰 액정
갓 튀긴 감자칩 그리고 하인즈 케첩 방울
버킨백 모서리와 방금 뜯어낸 12월 31일 일력 한 장
무사한 것들과 무사하지 못한 것들 결코 무사할 수 없는
것들이
내 위로 사뿐, 풀썩, 철퍼덕, 찰랑, 딸칵, 툭, 빡 하고
떨어진다

여자는 상상했던 것보다 멀쩡했다 간단한 타박상과 늑골
주위의 염좌뿐이었다
첫 아픔의 순간 여자가 자신에게서 멀어질 수 있는 한 최
대한 멀리까지 갔다 왔듯이
나 역시 언제나 고통을 꿈꾸고 있다

피슈숙~ 하거나
퍼벙— 하거나
뻿! 하고

폭발하기를

2부
영원히 기억되지 않으려면 어떻게 해야 하나요?

인장(印章)

가을이 깊어지면
바닥에는
납작한
뱀의 매듭

꿈의 구덩이로 채 파고들지 못한

죽음의 전언

여기에 삶이 있었습니다
다만 이제는
가뿐하게 짓눌린

바퀴는 무심하고 무거우며 새카맣다
여름이 뜨거웠듯이

압력의 순간에
뱀은 어떤 온도였을까
변온동물의 죽음은 차가울까 두려울까

길을 헤매던 하얀 개가
뱀의 사체에 코를 댄다
개는 아마 많은 것을 읽어낼 것이다

내가 알 수 없는 것
알지 못하는 것 감히
알려하지 않는 것까지도

긴 동물의 쿵쿵 짧은 생애와 쿵쿵 그 새끼의 쿵쿵 더 짧은 슬픔과 쿵쿵 혼란 속에서 쿵쿵 떴다가 지는 태양 쿵쿵 먼 바다에서 쿵쿵 떠밀려와 쿵쿵 빈 허물에 부서지던 쿵쿵 잔인한 포말까지

나약한 존재는 편지를 쓸 뿐
하얀 손을 들어
봉투를 닫을 뿐

모든 종이

모든 종이는 아프다

바다와 슬픔과 언덕과 지리멸렬함을
인도(人道)와 광속과 무덤과 꽃가루를

담았기에

손가락으로 문질러
수십 년을 뛰어넘을 수도 있겠다
그 시간 속 어딘가
박제된 또는 삭제된 곳에서
우두커니
누운

날뛰는 마음은
한 장의 종이 앞에서
다음 장면으로 사라졌다
어느새 두 손이 모아져 있었다

잘못했습니다
죽을죄를 지었습니다
용서해주세요

영원히 기억되지 않으려면 어떻게 해야 하나요?

겨우 습기에
무력한 한 장의 종이 앞에서
숱한 인간들이 무너졌다

물질이라 부를 것인지
숙명이라 부를 것인지
하양이라 부를 것인지

종이는 그저 처음과 끝에 있었다

악!

찰나의 순간,

검지의 베인 상처가
다음 생으로
이어졌다

도주

까만 차를 타고 아스팔트를 달리는데
까마귀가 차창 가까이를 가로질렀다

그의 부리에는 꽤 커다란 살덩이가 들려 있었다

그렇다면 내게는 무엇이 있나

평소와 다르게 볼록한 내 주머니
초록색 구슬이 있다

네 마리의 상어가 사방으로 앉아
색색의 구슬을 더 많이 먹는 상어가
우승을 하는 게임

초록 구슬 단 한 개

고래상어는 고래야, 상어야?
아이참, 엄마는 그것도 몰라?

고래와 상어는 지느러미와 헤엄의 형태로 구분할 수 있다

상어 꼬리는 좌우로 움직이고
고래 꼬리는 상하로 움직인다

그래서 바다는 정갈하구나

고래와 상어는 닮은 데가 하나도 없는데
나는 왜 아무것도 알지 못하지

까마귀는 언제나 내가 알지 못했던 하늘을 가로지르고

이제 막 꽃을 피우려는 동백꽃눈이 연초록과 연분홍으로
거침없이 섞일 때까지

거기 있는 땅을 알지 못했다

잎을 모두 떨군 벚나무 가지를 보면
어느 이파리 하나도 태양을 받지 않는 곳이 없도록
그 많은 가지들 모두 전부 다른 방향으로 허공을 찌르고

그런 벚나무의 몸통을 꽉 잡고
자라는 덩굴 잎 한 장 한 장도
서로를 침범하지 않으며 말라가는데

가장 독한 죄는 무지에서 온다고

― 까만 부리가 나를 쫓는다
   무정하고 덤덤한 심판으로

   까마귀가 물고 간 것은
   필시 나의 살점

   겨우 구슬 한 개를 훔쳐 달아나고 있는
   처절히 무식하여 비겁한
   나의 살이다

옆 돌기의 시대

옆 돌기 한 번
옆 돌기 두 번
옆 돌기 세 번

땅이 손 아래에 있고 하늘이 발 위에 오는 순간

쭉 뻗은 두 발이 우아한 시침처럼 시간을 어루만질 때
겁없이 덤비는 가늘고 작은 팔과 다리 그리고 어깨
그때의 나는 모든 것이 거꾸로 되는 그 시간을 사랑했는데
지금의 네가 옆 돌기로 방안을 채운다
네 발이 하늘을 가를 때
손목에 중력이 얹어지고
손바닥으로 땅을 짚은 채
두려움과 고통이
회전력에 딸려 들어가는 그때

빙글
빙글
빙글

나의 열두 살의 붉은 노을
너의 여섯 살의 푸른 저녁
자정과 정오를 뒤집었다 다시 뒤집으면

― 그리고 또 뒤집으면

밤이 가장 짧은 날부터
밤이 가장 긴 날까지
태양의 자전처럼 우리의 공전처럼
위성의 사랑처럼

내 도약이 힘찬 만큼
너의 회전은 슬플 거야

우리는 어쩜 이렇게 다를까
같은 원을 그릴지라도
나의 선과 너의 선은 색과 질감, 질량과 결국 그 원자가 다르기 때문에

이 옆 돌기의 시대를 너에게 넘긴다

기꺼운 마음으로
사뿐한 너의 착지에
끝없이 환원하는 어떤 날 어떤 공기도
휙 하고 가를 수 있도록

나에게 너의 기술을

너에게 나의 가슴을

바야흐로

사발

뭐에 썼 게 아니면
저럴 수가 없어

너는 칠만사천오백 년의 시간을
모두 베어버렸다
공사는 순식간에 끝났다

망령 들린 빗방울
떨어진다
정화수여
괴로운가

광질하는 쇳덩이들

까마귀들이 달아난다
새의 색은 불
불탄다
사라진다

만신의 힘으로도
이제는 막을 수가 없어

약하기 때문, 약한 것은 뭐에 썼다, 틈이 있기 때문, 틈

에는 뭐가 산다, 깊게 파고든다, 숙주가 된다, 조화가 아
니야, 잡아먹힌다, 먹혀, 뗄 수가 없다, 이제 뗄 수가 없
어, 약하기 때문.

   조각은 물조차 담을 수 없어
   소금을 뿌려라

   아무것도 죽이지 않고는
   아무것도 살릴 수 없나요

   독한 거품을 무는구나
   침을 삼키는 순간마다
   제 목숨마저 거두어 갈 줄 모르고
   지옥 불에 튀겨질 줄 모르고
   모든 구멍으로
   삿된 피를 토하고
   당나무 아래 서고 앉은 자
   모두 죽는다

   다섯 색 중 어느 것도
   우리를
   용서하지 않는다

— **안부**

　내가 사는 곳에는 야생 꿩이 많아. 얼마 전에 운전하고 가다가 그를 차로 치었어. 그가 빠르게 달리고 있는 내 차로 뛰어들었어. 너무 급작스러워서 속도를 줄이지 못했고 그도 그랬던 거 같아. 오른쪽 바퀴 쪽에 퍽 하고 충돌하는 느낌이 있었어. 엉덩이와 꽁지 부분을 친 것 같았는데. 몇 미터 더 달리고 나서야 길 가장자리에 차를 세웠어. 차를 살펴보았어. 피는 묻어 있지 않았어. 찢어져서 피가 나는 건 덜 위협적이지. 안에 고인 피는 죽음과 닿아 있잖아. 꿩은 어디로 갔을까? 나? 난 괜찮지 뭐. 요즘은 양쪽으로 찢어지고 있어. 어느 아침엔 양팔이 각자 다른 방에서 눈을 뜨는 것 같아. 하지만 이상과 현실이 튼튼한 동아줄로 매일 묶어주더라고. 다들 친절해. 병원에선 약을 세 알에서 다섯 알로, 다섯 알에서 여섯 알로 늘렸는데. 매일 저녁 단백질 보충을 위해 계란을 먹어. 끔찍하지. 노랗게 고인 삶은 매번 볼 때마다 충격적이더라고. 살겠다고 그걸 먹어. 나라고 별수 있겠어? 아니 근데, 아무리 생각해봐도 꿩이 안 보였거든. 내가 친 게 꿩이 아닐지도 몰라. 그날따라 울적했고, 그날따라 못된 전화를 받았고, 그날따라 처리해야 할 일이 쌓여 있어서. 폭력적이거나 충격적인 장면이 필요했는지도 몰라. 가깝지도 멀지도 않은 거리의 생명이, 그 생명의 죽음이나 죽은 것 같은 모습이 필요했는지도 모르잖아. 너도 우울할 땐 그러지? 매일 남의 살이나 남의 새끼를 먹어대면서 말이야. 남의 뼈를 쪽쪽 빨면서. 매일 식탁에 올라오는 죽음에는 관심이 없잖아. 우린 정말 수치를 모르지. 안부 묻다가 무슨 이런 얘기까지 하게 됐는지 모르겠다. 이 멍은 또 언제 생긴 거야. 아이 요즘 매번 이러네. 어? 몸은 괜찮냐고? 응 이제 많이 나아졌지. 걱정해줘서 고마워. 그나저나 넌 요즘 어떻게 지내?

매력적인 무알코올에 대하여

　인류가 술을 끊은 가까운 미래의 지구. 각국의 대기업들은 최대한 알코올을 섭취한 것과 같은 무알코올 음료를 개발하기 위해 분투한다. 무알코올 맥주를 필두로 무알코올 소주와 무알코올 막걸리, 무알코올 위스키와 무알코올 보드카가 만들어지고 무알코올 와인은 빈티지를 따질 정도로 다채로운 역사성을 창조하게 된다. 이제 인류는 디오니소스의 그늘에서 벗어나 인간이 직접 배합한 화학 성분만으로 취중진담과 블랙아웃을 경험하게 된다. 그러나 알코올 성분이 전혀 없기 때문에 미래의 인류가 겪는 취중진담과 블랙아웃은 범죄와의 차이점을 점차 상실해가고, 취하지 않았지만 전두엽을 파괴하고 취하지 않았지만 해마의 기능을 떨어뜨리는 물질들의 개발은 법적 도덕적 잣대 앞에 서게 되는데……

　　술을 끊으니 시가 안 써진다
　　실수를 하지 않으니 실수하는 자들을 보면서
　　기함을 금할 수 없다
　　맨정신으로 살아간다는 것은 사악한 축복이다
　　　　　　—2054년 2월 5일 시인 강지혜의 일기장에서

　멀쩡한 전두엽으로 미친 세상을 보는 것이 이렇게 역겨운 일인 줄 몰랐습니다. 제가 잘못했습니다. 부디 제 뇌를 알코올에 절여주세요. 제발 한 방울만이라도 제게 알코올을 허락해주세요. 살려주세요. 다 불겠습니다. 동지들의 이름을 다 말하겠습니다. 뭐든지 다 하겠습니다. 이렇게 무릎 꿇고 사정합니다. 제발 알코올 그 비슷한 거라도 한 방울만 주세요. 대단하고 고매하신 선생님! 아니, 사장님! 회장님! 신이시여! 제발!

그는 고개를 떨군다. 숱한 실수와 크고 작은 사건들로 점철되었던 젊은 날을 떠올린다. 토하고, 구르고, 싸우고, 다치고, 돌이킬 수 없던 시간들. 술 사 먹을 돈만 있던 시간들. 구역질 속에서 희미해지는 의식을 붙잡고 이 분노를 이 고통을 기억해야 한다며 뭉개지는 모음과 자음을 썼던 날들.

무알코올 맥주를 마시며 이 글을 쓰고 있습니다
염증으로 인한 질병이 사라졌고 면역력이 증가하였으며
무엇보다 헛소리를 하지 않습니다
자기 학대를 일삼지 않습니다
자의식을 조절합니다
수인복을 깔끔히 입고 실내화를 꼼꼼히 닦는다 높은 담과 철조망으로 둘러싸인 운동장에서 빠르게 걸으며 오후의 햇살을 마음껏 품어본다 이보다 달콤한 알코올이 또 있으랴

탕웨이

당신을 떠올릴 때마다
당신에 대해 아는 것이 하나도 없다는 것을
알게 됩니다 그럼에도
너무 많은 것을 보았다 말합니다

아침에 일어난 당신은 눈을 비비고
제일 먼저 칫솔질을 하러 갈까요?
왼쪽 어금니부터 닦기 시작할까요?
짧은 한숨부터 쉴지도 모르지만,

내가 당신 가슴에 머리를 묻고 우는 장면을 봐요
멈칫하다, 아주 잠시 망설이다, 안아주세요

구부정한 자세로
거짓말이 아닌 거짓말을 속삭이며
두세 번 정도
머리를 헝클여줘요

팔방이 벽인가요, 거기도

어떤 일도 일어나지 않았고
당신은 그 누구도 아니었고
우리는 입김을 나눠 갖지 않았어요

당신의 입술과 긴 머리카락이, 나의 어깨에 머무는 장면
우리가 동시에 부서지는

청록색 드레스가 여기 놓여 있어요
헝클어지지 않고
당신의 목소리 위에 내 목소리를 겹쳐봅니다

꾸오취더인잉친쒜이워리우랑
엔치엔더스지에마무더탄탕
부쓰왕예뻐미엔치왕……*

중국말은 하나도 몰라요
당신이 나의 시를 모르는 것처럼

그저 우리가 마주한 순간
화면과 종이 사이에 몇 개의 레이어
몇 개의 장면들이 스쳐갔음을

아무리 찾아도 보이지 않는데
끊임없이 아픔을 불러오는 내 몸 어딘가에 박힌 가시처럼
몇 겹의 우주를 건너 지금 당신의 눈빛으로
나에게 왔지요

다른 우주에선 같은 언어로 말하고
같은 언어로 춤춰요
이 약속을 다음 우주에서
별자리로 새기겠습니다
해석하셨다면,
부디

   *

 *
  *

 *

   *

*

* 탕웨이가 영화 〈만추〉에서 부른 OST '만추'의 가장 앞부분. 발음 그대로 따라 부른다.

사람의 시

낭독을 했다
그날

「무정박 항해」*를

거짓된 화면을 보며
모두 살아 돌아오라고

돌아오라
돌아오라
살아오라

아이가 태어났다
이후

말없는 너에게
입을 맞추며
주문처럼 되뇌었다

미안해 정말
미안해
미안해
사랑해 정말

바다에 버려진 수많은 뽀뽀들이
파도 속을 헤매다
거품으로 부서지면

밀려온 포말이
사랑의 다짐들이
사람의 말들이
필연처럼
발에 다리에
가슴에

남아서 새겨져서

시를
낭독해야 했다
사람을
낭독해야 했다

모두를
낭독해야 한다

이어지도록

모두의 낭독회에서
끝내
태어나도록

* 그날, 동료들과 서울 모처에서 낭독회를 했습니다. 공교롭게도 「무정박 항해」라는 시를 읽었습니다. 내 동생을 위해 쓴 시였습니다. 새로운 시를 쓰고 있습니다. 새롭게 태어나는 수많은 다짐, 새로운 뽀뽀를 위해.

멀리 던지기
―신도리에서

돌고래와 가까운 곳에 살고부터
자주
돌고래 꿈을 꾼다

삐룩삐룩

여기는 물도 공기도 아니고

너는 분명히 내게 말한다

어둔 장벽을 가뿐히 넘는 돌고래
그러나 갇힌 돌고래
숨죽인 돌고래

나처럼

잠에서 깨어도
고래의 말이
가슴 깊이
콱콱
박히는 날에는

좀처럼 잠들지 못하는 아이를 차에 태우고

바람 많은 날
바닷길을 달린다

파도는 검은 바위에 와서
무참히 부서지고

반짝이는 지느러미들
공중으로 뛰어오른다

언제나 용기 쪽에 서 있는 고래들

아이가 잠에 빠진다
기어코
자라겠다는 의지

조심히 차문을 닫고 내려
바다를 본다

바람을 찢으며
우리의 말을 던진다
너는 분명히
알아듣는다

서점지기의 오후

풍차는 돌지 않고
까치들
바지런히 길을 오간다
뒷짐을 지고
무얼 찾나

까만 부리 속으로
콕콕
시간이 사라진다

아이들은
몇이 모여도
모두가 대장을 한다

흙과 빛을 마시며

오늘
지금
여기가

가장 위대하기에
우리 모두가 대장

평온하게 반짝이는
바다 마을 풍경 속
나에게만 불어닥친
폭풍으로 눈조차 뜨지 못하는데
꺾이는 무릎으로
피 흘리며 기어가는데

내 손을 잡는
당신

눈을 감아도
분명한 건

오늘지금여기

모두가 대장인 아이들이
멀리서 뛰어온다
다 이룬 얼굴로

푸른 종아리로

시간을 가르며

마리모

마리모야 너는 동그랗고 푸른 몸으로 어디를 가려느냐
울지도 않고 웃지도 않고 순간도 아니고 영원도 아닌 것이
오색 모래 위에 곱게 앉아서 조그만 손이 떨어뜨리는
한 방울의 먹이를 먹으려느냐 어떤 입으로 먹으려느냐

마리모야 너는 동그랗고 푸른 몸으로 어디를 보려느냐
호헌과 내란이 한 공간에 똬리를 틀고 시대를 후비는데
단 한 방울의 슬픔도 기쁨도 마주한 적 없다는 듯
가만히 바라보는구나 그 시선이 나는 미치도록 부끄러워

마리모야 너는 동그랗고 푸른 몸으로 어디에 살려느냐
북극곰도 도시의 자손들도 제 한몸 누일 집이 없는데
오픈 런의 비기와 여전히 뜨거운 맘과 대디의 하트비트
아무것도 하지 않음으로 돌봄과 유기의 모든 죄를 사하
는구나

마리모야, 마리모야 동그랗고 푸른 마리모야
기쁨과 시간으로 쑥쑥 크는 마리모야
너 그 유리병 속에서 나와
나를 온통 살라먹고 발라먹어
살과 영혼을 너의 푸른 이끼에 촘촘히 박아서
구르자꾸나 마리모야

굴러보자꾸나
굴러서
굴러서
커져서
커져서
태양의 몇십, 몇백 배로 자라서

녹아버리자꾸나 마리모야
사라지자꾸나 마리모야

마리모야
마리모야

통창

　이제 막 헤어지는 소년들을 본다 소년이 손을 흔들고 또 다른 소년이 흔들림을 받은 손을 흔든다 먼저 손을 흔들던 소년이 다시 흔들림을 받은 소년에게 손을 흔들고 흔들리던 소년이 다시 손을 흔들고 몸을 돌려 걸어간다 먼저 손을 흔들던 소년은 몸을 돌려 걸어가는 소년을 바라보며 아직 손을 흔든다 걸어가던 소년이 뒤돌아 아직 손을 흔들고 있는 소년에게 또다시 손을 흔든다 나의 창에서는 뒤돌아 걸어가던 소년이 먼저 사라졌고 처음 손을 흔들던 소년은 표지판 옆에 서서 손을 흔들고 있다 아직도

　이불보를 꿰기 전 솜 같은 구름이 하늘에 가득하다 흐렸다가 햇빛이 반짝였다가 비가 내린다
　비 내리는 것은 눈에 잘 보이지 않지만 몇몇 사람들의 우산을 보면 안다 어떤 이는 옷에 달린 모자를 쓰고 걷는다 거대한 건물과 덜 거대한 건물들이 첩첩이 겹친 배경인데 이 창에는 포탄이 떨어지는 장면은 없어서 나는 평온히 포케를 씹는다

　내게 허락된 시야 어딘가에 분명 버섯이나 버섯이 될 포자가 있을 텐데 이마트 옥외광고판의 iPhone 17 Pro가 나를 놓아주지 않는다 그렇다면 손을 흔들던 소년들은, 이미 이 창을 떠난 소년들은, 다시 등장하여 다시 그 교차로에 등장하여 횡단보도를 빠르게 건너서 서로를 꽉 끌어안고 기쁨

의 얼굴을 만족스러운 얼굴을 할 수는 없을까 그것이 그들의 빛나는 청춘일 순 없을까

 창 너머 보이는 세계에는 탑텐 1+1 이벤트가 합리적인 가격으로 로레알 제품을 사용하는 토리헤어가 동물 의약품을 취급하는 새봄약국이 있다 사상자 중에는 여성과 어린이가 있었다는 말보다도 미세한 배란통이 분명하게 감지되고 타이레놀을 미리 사두어야 하나 액상형 진통제가 효과가 더 좋았지 아닌가 기분 탓이었을까 상술인 걸까 골몰한 뒤 비건 참깨소스까지 숟가락으로 싹싹 긁어먹고

 내가 창을 떠나고 또다른 사람이 내가 포케를 먹던 자리에 앉아서 연어포케나 메밀국수포케를 섭을 때까지 새로운 거래와 지루한 회의가 지속된다 다들 밥은 먹고 다닐까 밥도 안 먹고 잠도 못 자고 있다면 액상형이나 고체형 약은 먹을 수 있을까 이 창 안에 풍경이, 여우비 내리는 평온한 도시의 조각이 산산이 부서진다면

 창 안의 나는 영수증을 본다 농협 카드에서 포케올데이로 11,900원이 이동했다는 것을 증명할 수 있는 작은 종이 가볍게 구겨본다 손안에 들어차는 감각이 날카롭고 따뜻하다 모두가 정신병자의 말 한마디에 찢기고 부서지고 만다는 것이 실감되는 순간 이미 사백여 년 전에 셰익스피어가 증명

─ 했듯 이 창을 부수러 로켓이 온다 이미 발사대는 여기와 저기를 지금과 어제를 내일과 우리를 향하고 있다

3부
너는 떠나갈 것 반드시

분수

물이 위로 솟구친다

찬 기운이 닿지 않을 만큼 멀찍이 앉아서
쏟아지는 여름 햇빛과
그늘로 찾아드는 미약한 바람에
몸을 기댄다

반짝이는 정강이와 어깨로
물기둥을 가로지르는
아이들

뒤통수에서 시작된 땀이 등줄기를 따라 떨어진다

치사랑 없는 길목으로
아이들이 모여든다
누가 먼저랄 것도 없이
물줄기의 꼭대기를
작은 손으로 짓누르며
꺅꺅 비명을 지르고

작열하는 여름 속에서
내 자식과 남의 자식들이
치솟아오름/ 거슬러오름/ 아래에서 위로

거친 감각을
유년에 꾹꾹 눌러 새길 때

결국 의절하고야 말았다는
부모 자식의 이야기를 들으며
고개를 주억거리고 있다

끊어내야 살아지는 것도 있다고
되지도 않는 충고랍시고 웅얼거리며

물줄기가 갈라지는 것을 응시하고 있다
분수는 사십 분 동안 운영되고
십오 분 동안 멈추었다가
다시 솟구친다고 한다

아이가 내게 온다
푹 젖은 채로

분수 끝났어
끝나버렸어

자리끼

잠결에 자리끼를 쏟았다

많이 착한 개가 고개를 들어
덜 착한 나를 애처로이 본다

흥건한 바닥을 닦아야 한다

닦는다고 닦아질 어둠인가

그다지 멀지 않은 곳에 스위치가 있다고
너는 머리끝까지 이불을 덮으며 말하지만

정답을 알아도 말할 수 없는 때도 있잖아

나도 이 어둠이 단지 어둠뿐이라는 걸 알아
나도 할 만큼 했다는 걸 알아
그렇지만,

내일 당장 네가 있는 곳에 갈 거야 하지만 너네 집엔 안 갈 거야 너는 나를 불편해하니까 아니야? 내가 너한테 뭘 그렇게 바랐다고 그래? 내가 돈을 해달랬냐 뭘 해달랬냐 왜 나를 신경쓰지 않아? 내가 뭘 그렇게 잘못했냐?

스위치보다 먼 빨래 바구니 앞으로 기어가
아직 축축한 수건을 한 장 꺼낸다

낯선 무늬가 보인다
처음 보는 수건인데……

우리는 이토록 다른 생의 디자인
이제 그만
버릴 때도 됐지

하지만, 다 알면서도, 또다시,

대충 닦은 얼룩이
어둠 속에 아로새겨진다

끝끝내 밤을 떠나지 못하는
몇억 광년 전
별빛처럼

윙윙

동이 터오는 소리
네 혀가 스테인리스 그릇을 핥는다

남김 없는 사랑이 아침을 견인하는가

꿈에서 세상으로
너를 꺼내오고자
미천한 손을
고결한 너의 꿈속으로 집어넣는다

꿈과 차가운 일상의 기로에
조용히 오줌을 흘려넣는 너를 바라보는 것

꼭꼭 밥을 씹고
일하러 가는 길

개와 함께 걷고
애와 함께 헤엄치고
애와 함께 먹고
개와 함께 잠이 든다
단 완전히 잠들지 않을 것

해가 떠난 뒤에는

가장 좋아하는 소리가 있는 방으로

타이핑 소리가 두 평 남짓 공간을 채우고
차가운 맥주를 마신다
누구도 떠올리지 않는다
아무도 사랑하지 않는다

귀가

윙윙
개의 용무를 위해
동행하여주고

털에 뒤덮인 다리 네 개와
길이가 다른 다리 여섯 개
가로세로 엉키는
어두운 밤

잘 자요

배와 배

엄마, 나 배 아파

내 손에서 네 배로 건너가는 세계에 대해

악랄함과 교활함이 배〔舶〕가 되는 바다에 대해

우려하고 또 우려하는 것이
결국 나를 들들 끓이는 순간에 대해

아무리 생각해도 생각하는 것밖에는
어쩔 도리가 없는

남루한 내 손으로 네 배를 문지른다

배야 배야 똥배야
쑥쑥 내려가라
다하 배는 똥배고
엄마 손은 약손이다

쿡쿡 웃던 너는
작고 위대한 너는
오래된 노래를 뒤로하고
가뿐히 내 배에 오른다

엄마 나는 이게 더 좋아
나는 엄마가 정말 좋아

아, 그래, 결국 키는 네가 쥐는 거지

수평선 너머 저 멀리서부터 몰려오는
기어이 터오는 동,

빛,

검은 파도 같은 머리칼을 쓰다듬을 때

내 심장은 너보다 조금 더 먼저 뛰고
깊고 먼 그 소리를 들으며 눈을 꼭 감는 너
그것으로 충분하다는 너

기꺼이 너의 배가 되어
네 바다를 항해하리라

그러다 어떤 맑은 날
습도와 온도가 완벽한 그날

― 너는 떠나갈 것
　반드시 그러할 것

아로니아 말리기
—「엄마 걱정」* 이어 쓰기

　미유키 상은 희자씨를 구해주고 아로니아 삼십 킬로그램을 선물받았다
　거대한 아로니아 박스는 지리산에서 치바[千葉]로 다시 제주 한경면으로

　야이 쌍년아, 내가 새끼들도 버리고 온 년이야. 눈에 뵈는 게 있을 거 같아? 감히 누굴 건드려?

　미유키 상은 희자씨를 괴롭히던 쌍년을 도로에 처박고 짓이기고

　잘못했어 다신 안 그럴게 다신 안 버릴게

　그러나 미유키 상은 용서를 알지 못하고

　삼복더위에 희자씨는 아로니아 농장에 가
　과실을 거두었다 미유키 상에게는
　그 무엇을 주어도 아깝지 않았다

　미유키 상은 딸에게 줄 아로니아 잼, 아로니아 술, 아로니아 청을
　담그려고 삼 일 밤낮을
　불 앞에서

물 앞에서
어둠 앞에서

잘 마른 아로니아는
쪼글쪼글해진 아로니아
늙어빠진 아로니아는
효과 좋은 아로니아
항암에 피부에 관절에 기억에 망각에 세월에

비가 오는데? 아로니아가 다 젖겠는데? 아이고, 이를 어째

이걸 어떻게 말려? 어디에서 말려? 어떻게 말려야 좋아? 말리면 안 갈 수 있어? 안 가면 죽을 수도 있어? 맘 편히 죽을 수 있어?

미유키 상은 테라스에 말려둔 아로니아를 걷는다

소중한 과실이 젖으면 안 되니까
작게 웅크린 까만 피로
연약하게 뭉개지는 까만 기억

미유키 상, おはよう!

문학동네시인선 246 강지혜 시집
문어는 심장이 세 개

어떤 흐름에 기어이 몬 몸을 내어 맡겨가는 일
심장의 박동을 수배하는 일

빛이 없는 곳에 사는
불꽃놀이해파리처럼
조류에 몸을 맡기고
이리저리 흔들리고 싶어

소중한 것은 걸음들
시간 속으로 총총히 뻗어나가는 이 순간의 순간들

문학동네시인선 246 강지혜 시집 **문어는 심장이 세 개**

매일 슬픈 자를 보는
사람의 심장은 몇 개일까

낳는다는 행위는
자란다는 형태와 같은가?

숨이 닿은 나와
그 숨으로 스미는 바람을
모두 흠모했다

**문어는
심장이
세 개**

피료, 하고 발음하는 작은 입술
너는 피료를 사랑하게 된 걸까

희자씨의 아침 인사
영원히 퇴색되지 않을
화면 속 붉은 장미는 향이 나구요

미유키 상의 통화 목록엔
딸의 이름만이

* 기형도의 「엄마 걱정」을 2024년에 이어 쓴다. 「엄마 걱정」의 어린 화자는 '유년의 윗목'을 뜨거운 눈시울로 기억하지만, 이 시의 화자는 지리산과 치바와 제주 한경면을 거쳐온 아로니아를 걱정하고 있다. 우리에게 어머니는 '열무'로, 아로니아로 기억된다. 음식을 먹는 것은 어머니를, 지나간 시간을 함께 씹는 일이다. 찬물에 밥을 말아먹으며, 아로니아 잼을 빵에 발라 먹으며, 어머니의 살점 같은 과거를 꼭꼭 씹는다. 오직 삼킴이 있다. 오직 맛이 있다. 오직 사랑이 있다.

삼월

2000년 월계동

골목과 골목은 이어져
도시의 가장 어두운 것을 만들어냈다
열다섯의 나는 어둠을 먹으며 자랐다

골목에는 언제나 담배꽁초와 침 자국이 있었다
자국을 따라가면 나타나던 내 동생
꽁초를 따라가면 아버지가
혼자 어두운 골목을 걸을 때면
반지하방 창문 앞에서 수음을 하는
아저씨를 보았다
교복 입은 나를 향해 미소 짓던

오래된 개똥은
늘 같은 자리에 머물렀다

노을이 드는 시간에도
월계동은 붉게 물들지 못했다
수평선의 빨강은 달력에서나 보는 것
아름다운 바다의 물비늘을 만지면
밋밋하고 판판했다

싸구려 달력에 손을 베어
피가 흘렀다
내가 가진 빨강이란
겨우 이런 것
필기체로 멋지게 누운
*sunset*을 훔치고 싶었다
언제나

추위가 잦아들고
봄이 스며도
골목은 가난했다

가진 것은 어둠뿐

삼월이 오고
칠월이 와도
초록이 감히 넘보지 못하는
회색빛 세계
그 골목이
기어코
나를 키웠다

퇴근 후

긴 독서
종아리에 들러붙는 여름
맨발 하나를 무릎 옆에 두는 자세
뻐근한 목
가로등 없는 길
몸이 기억하는
과속방지턱
자정 넘은 시각 유일한 차 한 대
유유히 사라진 빛 속
어디선가 그때의 라일락 그늘
연보랏빛 냄새
맞잡은 손의 온기
"마음이 뜨거워서 손도 따끈하지"
그에게는 없고 내게는 있는 풍경들
좋아하는 뮤지션의 농도 짙은 고음
나를 위해 켜둔 외부 조명
도어록 소리
삑삑삑삑 차라락
어둠 속에서도 선명한 꼬리
나를 향해 흔들리는
느리고 명랑하게
사랑의 메트로놈
매일을 기록하는 여섯 개의 알약

무력감과 공포
순간을 찢는
정수와 함께 삼키고
나지막한 목소리
잘 자
때맞춰 건조기에 넣어둔 빨래
얌전하지만 단호한
냉장고
음식물처리기 소음
현실감 없는 발과 발
침대에 아무렇게나 누운
꼭 닮은 두 사람
강한 의구심
깊은 죄책감
끝내 사랑해주지 못한
그때와
오늘

얼굴과 구두

얼굴과 구두를 생각한다
얼굴과 얼굴이 닿을 때조차
연약한 피부에 대해
구두 밑창이 얼굴에 닿았던 순간
그녀는 무엇을 생각했을까

이 남자에게서 벗어나자
이 남자에게서 벗어나자

나를 닮은 자식이 둘
나를 닮은
집이
문이
나를 가둬서

딸애는 바깥으로 뛰어나가
행인에게 말한다
다급하게

우리 아빠가 엄마를 때려요
엄마 좀 살려주세요

행인은 행인답게

부부싸움은 칼로 물 베기, 하고 떠나고
아이는 물을 베는 칼을
몸안에 품는다
영원히

거센 바람이 불면 아이는 내장 속 칼이 시려서
너무 시려서

남자는 아이들을 들쳐업고
고속버스 터미널에 앉아 있다

호남선 편도 차표 세 장

전광판에는 아이들이 좋아하는
선전과 선전들

남자는 티켓을 버리고 단칸방으로 돌아간다

그녀의 얼굴
붉고 푸른 체념

푸르고 붉은 분노를
잉태한 얼굴

시간이 가고 시간은 가고 시간이 기어이 무참히도 가고

아이들이 자란다
보랏빛으로

자각몽을 꾸는 아이들
이건 꿈이야
이건 꿈이지

꿈이어야 하고말고

구두와 얼굴에 대해 생각한다
얼굴과 구두에 대해
마찰과 기억

부서지는
포물선

강렬한
파열음에 대해

불꽃놀이해파리

아빠
나 해파리가 되고 싶어

깊은 바닷속에 사는 해파리가 되고 싶어

불꽃놀이해파리는 스스로 발광할 수 없대

그래서 어둠 속에서는 보이지 않는 채로 살아가

하지만 주위에 빛이 있으면
그것을 반사해
아주 화려한 색으로 반짝이는

불꽃놀이해파리

마치 불꽃이 펑— 펑— 터지는 것처럼

빛이 없는 곳에 사는 불꽃놀이해파리처럼
조류에 몸을 맡기고 이리저리 흔들리고 싶어
영원히 어둡고 싶어

아무도 나를 모르고
화려한 촉수를 모르게

너무 지쳤어

여기저기 빛에 치여
폭죽 같은 시간을 보냈어

물컹이고
흘러가고
흔들리고
평온하고 싶었어

아름답기 싫었어
기억되기 싫었어

발견하지 말아줘
이름짓지 말아줘

그게 다 무슨 소용이야

나 힘들어 아빠
내버려둬

그저 이 소금물에서

영원히
미움 없이 사랑 없이

흔들리고 싶어
물컹이고 싶어

호박

초록색 호박은 쓸데가 없어
어리거나 늙어야만 호박은 호박

젊은 호박은 그저 푸르고

엄마는 땅이 노는 꼴을 못 본다
상추를 고추를 토마토를 파를 호박을 심는다

마당은 무성히 푸르러지고
나도 엄마인데 나는 손 가는 땅이 싫어
흙도 풀도 열매도 다 귀찮은데

나는 엄마가 아니야? 나도 애를 낳았는데

여기 또 있다! 엄마는 통통한 애호박을 잘도 찾는다

애호박은 채 썰어 기름에 살짝 볶고 새우젓만 넣어도
감칠맛 나는 반찬이 된다

늙은 호박은 약으로도 죽으로도 먹을 수 있지

장장 두 시간에 걸쳐
거친 껍질을 벗기고 적당한 크기로 조각내어

햇볕에 말려놓은 노란 호박

엄마의 늙은 호박을
내가 다 죽였다

아, 그래, 애를 낳는다고 다 엄마는 아닌 걸까

엄마는 죽은 호박을 품에 안고 꺼이꺼이 울었다

오래전에 끊어진 엄마의 오른팔 힘줄은
덩굴 사이에서 비명을 지르는데
엄마, 힘줄부터 찾아야 하는 거 아냐?
정작 엄마는 울음소리 때문에 내 목소리를 못 듣는다

흙은 솜씨 좋은 외과의처럼
덩굴과 힘줄을 튼튼히 이어붙이고
땅에 덩굴손을 내려 꿈틀꿈틀 바닥을 기어가며
기어코 자라게 한다

노란 호박꽃 아래 동그랗게 맺힌 엄마
꽃이 지면 엄마는 더욱 부풀어오르고

엄마는 어리거나 늙어야만 쓸모가 있고

― 푸른 엄마는 엄마가 아니야
그런 건
부숴서 잘게 짓이겨서 거칠게 갈아서

소나 주자
돼지나 주자

해무

흰 바다가 우리의 어깨를
꽉 그러안았다

네가 거기 있고
내가 여기 있다는 것

오직 더듬음으로

지금 내 등에 있는 게 네 손이 맞지?

하얀 암전 속에서 너는 짧게 대답한다
―응

성난 군중처럼 바다 입자는 점점 더 빠르게
육지로 달려온다

우리는 함께 걷고 있었는데
머뭇거리고 있었는데

바다는 끊임없이
너와 나를 지우고

네 개의 발바닥을 감싸쥐는 모래와 모래들

지구의 어떤 시절에서부터
얼마만큼의 우연으로
서기 이천이십오년의 모래톱으로
푹푹 꺼지고 있는 걸까

볼에 들러붙는 머리칼을 귀 뒤에 꽂으며

자꾸만 흐려지는 너를 부르려는데
사빈 섞인 바람이 분다

아, 뿌옇게 가려지는 시야
아, 너는 가려는구나

기어이 가는구나

하얀 너는
떠난 너
떠난 너는

내 입술과 손가락이 지워진다

우리가 함께였다는 사실은

저 거대한 바위가 부서져
어떤 미래에서
빗방울로 우연히 만나는 것처럼

당연하겠지

두 손 모아
간절히 바란다

흰 실이
바람에 실려오게 해주세요

그것이 하나의 모래에 내려앉게 해주세요

우주에 오직 하나뿐인
이 알갱이에

자왈

최초의 세로 기어이 돌을 뚫고야 마는 직립에의 열망
여기 처음 꿈을 품은 초록의 얼굴을 보라 그 꿈에게 자리를 내어준 구멍과
그 사이로 흐르는 차가운 바람 바람을 타고 흐르는 시간 시간을 품고 자라는 빛
빛을 삼킨 씨앗 포자 세포 핵 나의 처음이 결국 빛이라는 질문에 대해
풀 일어선다 가지 엉킨다 너와 껴안는다 기시감이 우리를 구원할 것
엄마, 나무는 뭐야? 엄마, 풀은 뭐야? 대답할 수 없는 날들 숱한 날이
세로로 세로로 자란다
뒤엉킨다 낳는다는 행위는 자란다는 형태와 같은가? 어머니에게서 내게로
내려온 피 내가 딸에게 준 피 내 딸이 다시 내게 준 초록 내가 내 어머니에게
준 초록 어머니가 세상에서 뽑혀나간 어머니의 어머니에게 준 초록
이 시의 얼굴을 보는 모든 자들이여
일어서라 고개를 들어라
팔을 머리 위로 뻗어라
여기 이 시의 어깨를 보는 자들이여 떨어지는 눈물을 닦지 말기

4부
돌이 죽어 있다면 돌은 사랑할 수 없나

결석

새벽의 어둠 속으로
그가 신음을 흘려넣었다

선잠 속에서 나는
끝없이 문을 열고 있는 중이었는데

방금 연 문과 아직 닫힌 문 사이에
신음이 끼어들기에
퍼뜩 일어나 앉았다

아픈 그를 데리고
응급실에 간다

하늘은 가장 어두운 시간을 지나 점점 눈을 뜬다

달리는 차 안에 가득한 것은
날숨과 고통뿐

꽤 굵은 주삿바늘이 그의 손등을 찔렀다
찡그려지는 왼쪽 눈썹과 미간
순간 내 오른 손등이 저릿한 듯도 했지만
너와 나는 단 한 톨의 감각도 나누어 가질 수 없었다
CT 사진에는 이 밀리미터가량의 흰 점이

오른쪽에서 반짝이다가
왼쪽에서 반짝이다가
사라졌다
저것은 무엇인가

저것은 문이다

저것은 부끄러움이다

저것은 방이다

고통의 표피가 떨어져나가면
어느 방향으로도 자라날 수 있는
아직은 미약하나
곧 거대해질
방

진통제에 서서히 사라져가는 아픔을
그리워하며 그가 말했다

그 어떤 아픔도 살 수도 없고 팔 수도 없구나

그의 소변은 붉었다

우리는 두 쌍의 눈알을 허공에서 마주쳤다

혁명이다

투쟁이다

너의 장기 속에 도사리는
빛은 절대로
나의 피부를 뛰어넘을 수 없어

너의 결심은 너의 몸속에서 너를 몸부림치게 하고
나의 무심은 나의 몸속에서 나를 부끄럽게 할 뿐

그날 너의 아픔과 함께 사라진 것은 무엇일까
한사코 네 몸 밖으로
떠나간 것은

이혼과 죽음

 좀처럼 시를 쓸 수 없어. 나를 부르는 손이 너무 컴컴해서. 나 혼자 행복한 걸까? 이래도 괜찮은 걸까? 행복이 찾아오면 행복할 줄 알았는데.

 어쩐지 행복은 너무 낯설어서, 우리의 키스는 매번 어색해서. 눈알로 찾아드는 날벌레처럼 죽음은 어떤 계절의 상징 같아. 날벌레는 때가 되면 자연적으로 발생하는 거야. 눈알에서도 죽고 손바닥에서도 죽으려고. 죽으려고 끝끝내 날아오르는 거구나. 날벌레를 죽인 손을 봐. 하찮고 붉은 피가 총총. 한 계절 내내 살생하는 사람이 시를 써도 돼?

 이혼은 나에겐 밤하늘이었다가, 같지도 않은 별자리 같은 모습으로 변모했는데. 내가 좀더 안다고 나대도 돼? 내가 안 해본 걸 시로 써도 돼? 거짓말을 못하는 게 나의 좋은 점이랬는데. 해보지도 않았으면서 뭘 안다고 지껄이는 거야. 손가락질에 움츠려도 돼? 어디서 날아오는지 비난인지 모르면서 벌벌 떨어도 돼? 역시 난 좋은 사람이 아니구나. 좋은 걸 가질 수가 없구나. 한숨 쉬며 선생님께 말해야지. 약 좀 늘려주세요. 다시 꿈을 꾸잖아요.

 올해는 초여름까지 춥다. 작년 이맘때는 바다 수영을 시작했는데. 작년의 나보다 올해의 나는 더 행복한데. 나날이 무언가 뺏기고 있다. 아직도 내 가슴엔 태풍이 부는데.

독

나의 개가 나의 뱀에게 오른쪽 뒷발을 물렸다 나의 개는 죽음을 오른쪽 뒷발에서부터 허벅지로, 슬개골로, 오른쪽 엉덩이로 느꼈으리라 개의 피는 나의 피와 함께 멈추지 않고 흘렀다 해독제가 필요하다 골든 타임은 네 시간 그 안에 해독제를 맞지 않으면 나의 개는 개의 죽음으로 흘러갈 것이다

나의 뱀은 나의 개를 물고 유유히 종적을 감추었다 시월의 아름다운 날에 동면을 분주히 준비하던 차에 나의 개가 나의 뱀의 대가리를 짓밟은 것이다 나의 뱀은 푸른 독사였다 독이 없는 뱀은 어금니가 더 깊숙이 존재하고 독을 품은 뱀의 어금니는 언제든 누구든 무엇이든 죽일 수 있도록 두 개의 어금니가 앞으로 달려나가고 있다 뱀의 겨울잠은 뱀의 일이었으니

나의 개는 해독제를 맞고 항생제를 투약하고 교상을 치료하였다 개의 오른쪽 뒷발에는 털이 숭덩 빠진 두 개의 구멍이 보인다 나의 뱀의 어금니가 깊숙이 박혔을 곳 나의 뱀이 나의 개에게 옮겨왔던 흔적 나의 개는 상처가 낫는 동안 한참이나 그곳을 핥았다 나는 개의 발을 소독하고 연고를 바르고 붕대를 감았고 개는 핥고 핥고 핥아서 붕대를 뜯어냈다 기어코

나의 개에게 나의 황태와 나의 낙지와 나의 닭을 고아 먹였다 투실투실 살진 배를 깔고 나의 개는 황태와 낙지와 닭을 개의 핏속으로 흘려보냈다 나의 개는 살아 있었던 것을 먹고 새살과 기운을 얻었고 나의 사랑과 나의 걱정을 끊임없이 핥았다 살아 있는 것들의 죽음이 나의 개에게 새 피와 새살을 주었다 나는 커다란 냄비 앞에 앉아 자꾸 눈을 비볐다

그날, 우리가 각자의 일을 하던 날

나의 개의 죽음이 나에게로 흘러왔기에 나는 나의 뱀의 피도 내 안에 갖게 되었다 나는 변온동물이자 네발 동물이고 포유류이자 파충류이고 알을 낳고 기르며 새끼에게 동면을 가르칠 것이다 날이 점점 추워진다 촉촉한 코를 뒷다리 근처에 파묻고 몸통을 동그랗게 말아 잠에 들 것이다 잠에서 깨면

돌고 돌아 다시 봄일 것이다

산책 후에

같은 거미줄을 몸에 감는 일
태양이 떠오르는 방향을 피해 걷는 일
삼복(三伏)중의 산책은
아침잠을 허락하지 않겠노라!

이웃 개는 골육종에 걸려
앞다리 하나를 잘랐다
걸음걸이마다
꽃을 심던 개

나의 개는 나와 다르게 늙고

종종 앞발을 핥으며
비밀을 감춘다

한 번도 너의 개였던 적 없어
여긴 잠시 들른 거지
내 집은 다른 곳에 있어 모든 개는 거기서 오는 거야
거기서 널 기다릴게
착한 개들은 모두 거기로 돌아가

길게 찢어진 입술로 긴 하품을 한다
정삼각형에서 이등변삼각형으로 변하는 풍경

이 도형을 영원히 그리워하겠지

처서가 오면
나란히 걸으며
걸으며 웃으리

마법이 다시 시작되었으니
처음 만났던 날처럼
새날처럼 인사하자

안녕?
널 사랑해!

흰 개

때그르르르
때그르르르

쇠 따위가 아스팔트 바닥에 끌리는 소리

잔뜩 날을 세우고
주위를 경계하는데

해맑은 눈의 흰 개가
붉은 혀를 빼물고 나타났다

굵은 나일론 목걸이에
연결된 무거운 쇠사슬

길을 잃은 걸까
필사적으로 떠나온 걸까

시간이 깊을수록
어둠과 공기 모두 꽁꽁 얼어만 가고

어디서 왔니?
손을 뻗자
질끈 눈을 감았다 뜨는 흰 개

단지 눈을 깜빡였을 뿐인데
모든 것을 알 것 같은 기분이 되어
아니 실은
아는 척하고 싶었던 걸까

추위와 고통과 아픔과 죽음을
손쉽게 떠올려버리는
나는 왜 이다지도 오만한가

그 찰나

세상에서 가장 어리석은 인간이 된 나를
빤히 보던 개가
유유히 떠난다

떼그르르르르 떼그르르르르

시리도록 까만 밤하늘에
사슬 소리를
촘촘히 박으며
별자리처럼
신화처럼

한글 안 해

아이는 노랑과 파랑 연두와 진한 노랑이 덧칠해진 CD 표지를 보고 있다

오물오물 입
말의 숨을 따라 움직이는 보드랍고 토실한 뺨

산타 할아버지는 따라가지도 못했어. 그리고 산타 할아버지 친구가 따라가지도 못했어. 루돌프에게 편지가 달아났지. 우와. 루돌프가 얘기했어. 편지를 달아났네. 그리고 산타 할아버지에게 선물을 주는 거예요.

너의 어디에서부터 시작된 말일까

내가 온갖 표지판과 출입구의 벽 앞에서
가슴을 부여잡고 통곡할 때

너는 가뿐히 날아
내 정수리의 정수리
모두의 정수리의 정수리를
넘어가고

엄마, 나 이제 이름 알아.
한글도 알아.

작은 네 손에서 흘러나오는
단단하고 차가운 천명
빛나고 단단한 것들은 모두
보석이 된다고 배웠지

나는 이제 내 시가 어디로 가는지 알지 못하고

모니터 앞에 앉아
자꾸
어깨를 내리고
턱을 당기고
허리만 곧추세우는데

상공을 날아가는
네 발바닥을 지켜보며

더 멀리, 안 보이게, 저멀리 가라고
손을 흔든다

아름답고 가벼운 너는
말보다 더 높이 날고
매 순간 쏟아지는 지문(地文)

그 속에 짓눌리지 않으려고
고개를 들지만

나는 못한다
한글 아는
나는 못해

꿈을 없애는 약

꿈에서 나는 단칸방에 살았고
꿈에서 우리집은 계속 정전이었다
꿈에서 나는 그럼에도 변기 물이 내려가는 것에 감사했고
꿈에서 나는 비올라를 배웠다
꿈에서 나는 운지법을 더듬더듬 익혔다
꿈에서 나는 손가락의 굳은살을 만지며 웃었다
꿈에서 내게 개가 없었고
꿈에서 나는 바람으로 다시 태어나겠다 말했다
꿈에서 아이는 바람을 키우겠다 말했다
꿈에서 나는 바람이 크면 무엇이 될까 생각했다
꿈에서 나는 아이가 없었는데
꿈에서 모두 내게 무심했다
꿈에서 아이는 "우리 엄마는 꿈을 없애는 약을 먹어. 그치?"라고 말하며 웃었다

꿈을 없애는 약은 증량, 우울증 약은 반으로 줄였고요. 약은 삼 주 치 처방했습니다. 다음달 오실 날짜는 이십일일 괜찮으세요?

우리는 없는 기호
―〈헤어질 결심〉* 이어 쓰기

당신의 아래로 흐르는 것은
사랑

구덩이 속에서 움트는 것은
씨앗만이 아니에요
씨앗만이 아니라고요
씨앗이 숨겨둔 것은 비밀만이 아니지요

저멀리, 멀리만을 보는 당신과
낙하하는

나
그녀
우리

어쩜, 예뻐라
맞잡은 손의 온기를
기억한다면
우리가 나눈 말이
이별이라 생각하지 않아요

추락

그것은 매듭을 끝내 풀어내는 일

빛을 빨아들이는 포말과
그 안에
나와
온갖 그녀
초록은 힘이 세고요
어두운 밤 속에서도
찬란히
빛을 냅니다

산산이 부서진 우리 아래로
나와 나들,
그녀와 그녀들의
벨이 울립니다

여보세요?
내가 불쌍하지 않으세요?

* 박찬욱, 정서경 각본의 영화.

데모

기억나는 건 그날의 빛깔과 온도
노란색
따뜻한 날
가벼운 차림이었으니까

광운대학교 담벼락 밑에서 나는 엉엉 울고 있었다

어디에도 길이 없었다

집으로 가야만 하는데
동생이 유치원 끝나고 집에 올 시간인데
엄마 아빠는 일터에 있는데

어린이에게
가장 두려운 것은
귀가할 수 없음 또는 귀가할 곳 없음

따뜻했고 노랗고 환했지만 낭떠러지였다
불안의 암벽은 높았고
아래로 떨어지면
머리가 터져서 죽거나
머리가 깨져서 죽거나
머리가 찢어져서 죽겠지

무섭고 무섭고 무서워

그때 그를 만난다
하얀 피케 셔츠에 청바지를 입은 모습
두려운 와중에도 얼굴을 쳐다보기가 부끄러워
목 아래 모습만 떠오르는 대학생 오빠

왜 우니? 아, 나는 여기 학교 다니는 사람이야. 어쩌지. 지금은 이 차벽을 넘어갈 수 없어. 여기서 엄마에게 전화해두고 일 끝나면 데리러 오시라고 하자. 괜찮아. 울지 마.

그는 나를 한 약국에 데려다주고
울음을 그친 내가 부모의 일터로 전화 거는 것을 보고 떠났다

그는 그날 왜 데모에 참여하지 않고
울고 있는 어린이를 도와주었을까
학우들이 몽둥이 소리와 방패 내리치는 소리에 두려워하며 앞으로 나갈 때
그는 왜 어린이의 울음소리를 듣게 된 걸까

나는 그에게서 선물과 질문을 동시에 받았다

선의는 선의로 기억될 수 있는가
불의는 무엇으로 이루어지는가
우연히 만난 세계 속에서
우리가 나눠 가진 것은 무엇인가

　지금의 나는 하얀 피케 셔츠에 청바지를 입었던 그보다도 더 늙은 사람이 되어 그보다 많은 것을 가지고 어린이의 웃음과 울음을 듣는다
그는 데모하던 중에 나를 발견한 것이었을까
아니면
어떤 날에는 데모를 하고 어떤 날에는 귀가를 하는 학생이었을까
어떤 때에는 촛불을 들고 어떤 때에는 아무것도 못했던 나처럼
어린이에게 〈다시 만난 세계〉*를 허밍으로 들려준다
　엄마, 이 노래는 뭐야?
　이 노래는 누군가에게는 사랑 누군가에게는 침략 누군가에게는 도약 누군가에게는 혈투 누군가에게는 구원 누군가에게는 전쟁 속에서 피어나는 모든 꽃 누군가에게는 끝내 사라지지 않는 부끄러움

　* 소녀시대의 노래.

필요와 사랑의 탄생

어떤 초콜릿은 악기가 되지

너는 너의 당연함을 배신하면서

자라고 또 자라고

네가 주는 말을 받아먹으면서
소리 죽여 웃곤 해
비겁하고 위대하지

어쩜 너는 그토록 나의 조각일까
너를 삼켜 나를 만든 것처럼
찰기 어린 거울

그가 필요해

피료, 하고 발음하는 작은 입술
너는 필요를 사랑하게 된 걸까

횟 하고 바람이 부는 동그란 입술 사이로
속절없이 무너지는
나

너를 위해서라면

가짜도 괜찮아?
내일도 괜찮아?
다만

바다가 태양을 필요로 하는 찰나에
네가 필요를 버릴지도

우리는 달리고 세계는 걷잡을 수 없이 부풀고
뇌우가 가득하고
전기가 빽빽이 들어차고

곧 소나기가 올 거야

결집된 것들이
폭발이 필요하다네?

너는 끄덕인다

노래 틀어줘 엄마
엄마가 좋아하는 노래로

차라리 다 끝났다고 말해줘* 틀어줘

율이 터진다

너의 오늘이
찬란한 노을이
다시없을 빛깔이

폭발하여 돌아오지 않는다
사뿐

* 박혜원의 노래 〈시든 꽃에 물을 주듯〉. 아이는 이 노래의 모든 가사를 숨죽이고 듣다가 바로 이 대목만을 목에 핏대를 세우며 열창한다.

요실금

개가 소변을 흘리기 시작했다

나는 작고 동그란 오줌 자국을 따라다니며
허리를 굽힌다

엉덩이 한쪽이 다 젖을 정도로
오줌 웅덩이를 만들고도
개는 얌전히 누워 있다

호들갑 떠는 인간의 바쁜 손을
물끄러미 바라보다
개는 자기 생식기를 핥는다

이제 우리는 저걸 무어라 부를까

엄마, 신지가 자꾸 짬지 핥아! 오줌 다 빨아먹어!

개의 주둥이를 억지로 벌려 알약을 목구멍 끝까지 밀어넣고
두 손으로 위아래 턱을 감싸쥐고 촉촉한 코에 입을 댄다
훅! 하고 숨을 불어넣는다
목덜미를 살살 쓰다듬으면서
개의 눈을 본다

커다란 눈알
희뿌옇게 바래가는 검정

시간은 표정이 없고
매도 없고
정도 없지

무정한 검정에 갇혀서 잠시
먼 훗날의 어떤 울음을 생각해보지만

손바닥에 떠놓은 물이 얼기 바라는 것만큼이나

어리석은 일

무릎을 바닥에 대고
고개를 외로 돌려
절을 한다

개의 오줌 방울을 찾으려

똑똑
한 방울씩 흘려진

— 우리의 시간을 발견하려

말라가는 추억과
후회의 지린내를 맡으며

야경증

새벽의 어둠 속에서
아이가
갑자기 운다

그건 꿈일 뿐이야, 괜찮아
네 옆엔 언제나 내가 있어
등을 도닥였지만

긴 울음과 울음의 틈에
아이는 분명히 말한다

꿈이 아니야 울음을 멈출 수가 없어

간밤의 슬픔을 아이는 기억하지 못한다

고통이 내게 옮겨왔으니까

 잠을 잘 수 있게 해주는 약과 깊게 잠에 들 수 있게 해주는 약과 깊은 잠 속에서 슬픔을 느끼지 못하게 해주는 약과 잠은 잠으로 꿈은 잠으로 기억나지 않게 해주는 약과 근육을 잠 속으로 던지도록 도와주는 약 속에서

 아이의 비명은 내 꿈속 어느 상자에 담긴다

또는 어느 페이지 위에 놓여 덮인다

고독을 삼킬 수 있고
눈물을 넘길 수 있는 어른으로서
나를 어른이라고 믿어주는 너에게
깊은 경의를 표하며

내 꿈은 잊혀진다

고독하고 쓸쓸한 돌벽이
담쟁이 덤불 뒤에
고요히 몸을 숨기듯이

돌

자정 너머
운전해가다
노루를 마주했다

크지만 날렵한 몸뚱이
특유의 불안한 몸짓

내가 사는 동네에는 가로등이 없고
해가 지면 그대로
거대한 어둠과
빛나는 눈알들의 영역이 된다

깜깜한 저녁과 새벽의 여기저기
네 개의 발을 옮기는
버려진 개들과
꼬리가 뭉툭한 고양이들
무리에서 이탈된 노루들

올여름은 지독했고 매 순간 쉽지 않았을 텐데
나는 그랬는데
이번 겨울은 무척 독살 맞을 거라고
단단히 각오하라고
떠들어대는 소리 같은 게

― 길 위에도 있을까

한밤 중앙선 위에 웅크리고 누워
부슬비와 바람을 덮은 개를 보며
운전대를 천천히 움직인다
해치지 않기 위해

그럼에도 번뜩이는
나의 눈알에서 이미
너는 읽었을까
잔인함과 무지함을 비겁함과 무정함을

어둠 속으로 사라져가는 붉은 눈알을 보며
번뜩 고개를 들었다가 다시,
말라가는 까만 코를 앞발 사이에 파묻었을까
혀를 빼내 하릴없이 다리를 핥았을까

해가 뜨면 그들이 몸을 누이는 곳은 어디일까
낮에는 한 번도 중앙선에서 개를 본 적 없는데

한낮에 생명이 없는 도로를 달리다
무언가 울컥, 걸렸다
무서운 마음이 들어 황급히 차를 세우고는

사이드미러로 내가 밟은 것을 보았다

돌이었다

아니다
그것은 물컹했다

아니다
그것은 딱딱했다

아니다
그것은 살아 있었다

아니다
그것은 돌이었다

돌이 살아 있다면 돌을 밟으면 안 되나?
돌이 죽어 있다면 돌은 사랑할 수 없나?

멈춰 선 나를 떠나는
차를 본다
내 차가 나를 두고 간다

— 뒤에서

돌이

다가온다

해설

아이(I)와 아이〔童〕가 만날 때 탄생하는 말
김나영(문학평론가)

> 얼룩덜룩 흘러가는
> 시간 속에서
>
> 흔적만 남은 표면을 문지르며
>
> 어쩔 수 없는 일이었다
> 어쩔 수 없어서
> 좋았다고 읊조렸다
> ―「칠칠맞게」 부분

1

폭풍전야. 강지혜의 세번째 시집 『문어는 심장이 세 개』를 읽는 도중, 이 말을 거듭 떠올렸다. 어떤 분출이 있기 이전의 고요함. 이번 시집은 그 침묵이 어떤 시공간에서 그려질 수 있는지, 우리가 그 침묵 속에 기거하거나 잠시 머무를 수 있고 그때의 경험이 우리에게 어떤 사유와 감정을 촉발하는지를 알려준다. 말하자면 '큐폴라' 같은 것. 강지혜의 첫 시집 『내가 훔친 기적』(민음사, 2017)에서 쓰인 적 있는 이 단어는 동굴처럼 길이 좁아지면서 병목현상의 압력으로 인해 솟아오른 천장 또는 그런 구조물을 의미한다. 압력은 더 약한 부분에 세게 작용한다. 이러한 작용은 인간의 내면에서도 일어나기 때문에 누구나 자기 안에 큐폴라를 간직한다.

이것은 이전의 상처나 폭압을 견딘 흉터로도, 이전의 경험을 통해 이후의 충격을 대비할 수 있는 안식처로도 기능한다. 우리는 큐폴라가 있어서 타인과 관계를 맺고, 예상하지 못한 일들을 겪고도 감내하며 살아간다.

강지혜의 시에는 어딘가에 '그것', 가령 "투명한 심지"(「모든 '비긴즈'에는 폭탄이」) 같은 것을 숨기는 아이들이나 "속삭이는 비명"을 지르는 "빈 공간을 읽는 소녀"(「아이돌 2」)가 등장한다. 이들은 분명한 의미를 지우는 역할을 한다. 투명하고 텅 비어 있으며 말이 되지 못하는 작은 소리로. 한편 그 소리는 어떤 반향을 기대하고 있다는(「요람에 누워」) 역설을 품고 있기도 하다.* 크고 분명하게 말하지 않으면서도 누군가가 듣고 대답해주기를 기대하는 소리. 이를 통해 우리는 지금껏 강지혜의 화자들이 다른 장르가 아닌 시라는 장르로 말해온 연유를 짐작해볼 수도 있겠다. 내가 강력하게 주장할 수는 없지만 내 말을 듣고 대답해줘. 대답을 기대하는 비명. 소극적이고 수동적인 화자들은 세계를 강력한 타자성으로 경험하며 타자의 반응을 통해 역으로 자신의 의미를 발견한다. 메아리를 통해 자신의 존재를 확인하듯이. 하지만 기억해야 할 중요한 점은 강지혜 시의 화자들은 세계와 타자로부터의 반향을 기대하는 동시에 세계와 타자의

* 「모든 '비긴즈'에는 폭탄이」「아이돌 2」「요람에 누워」, 『내가 훔친 기적』.

깊숙한 곳에 감춰져 있는 흔적을 감지한다는 것이다. 세계와 타자의 큐폴라, 볼 수 없지만 존재하는 그곳에서 되돌아올 목소리를 받아적기 위해서 그들은 말문을 연다.

나? 난 괜찮지 뭐. 요즘은 양쪽으로 찢어지고 있어. 어느 아침엔 양팔이 각자 다른 방에서 눈을 뜨는 것 같아. 하지만 이상과 현실이 튼튼한 동아줄로 매일 묶어주더라고. 다들 친절해. 병원에선 약을 세 알에서 다섯 알로, 다섯 알에서 여섯 알로 늘렸는데. 매일 저녁 단백질 보충을 위해 계란을 먹어. 끔찍하지. 노랗게 고인 삶은 매번 볼 때마다 충격적이더라고. 살겠다고 그걸 먹어. 나라고 별수 있겠어?

—「안부」 부분

'나'는 누군가와 대화를 하며 자신의 안부를 전한다. 특별한 점은 자신의 안위에 대한 이야기가 어떤 '사고(事故)'와 관련된 진술 사이에 끼여 있다는 것이다. '나'에 따르면 얼마 전에 빠르게 달리고 있던 자신의 차로 꿩 한 마리가 뛰어들었고, 충돌한 느낌에 차를 세우고 살펴보았지만 그 자리에는 아무 흔적도 없었다. '나'가 자신에게 갑자기 일어난 일, 사고를 해석하는 방식은 그 '아무 흔적 없음'에서 비롯된 듯하다. 조금의 혈흔도 남아 있지 않은 자리. 그곳은 속도와 방향을 갖고 달리던 차를 일순간 멈추게 했지만 완전히 중지시키지는 못한 미약한 존재감의 실체를 증명하지 않는 방식으로 세계에 대한 개인의 감각과 실재의 어긋남을 투명하게 보여준다.

강지혜의 시에서 '죽음'은 그렇게 현시된다. 이것을 혼란이나 착각으로, 혹은 그저 기미로 이해할 수도 있겠으나 그렇게만 표현하기에는 이 죽음은 구체적 실존과 밀접하게 연관돼 있다. 어쩌면 꿩이 다친 몸으로 아무 흔적 없이 그 장소를 벗어났을 수도 있지만, 죽음에 닿은 그 실감은 '나'의 내면에 고여 있던 감각이었을 수도 있다. 평탄한 길 위를 달리고 있었다지만 예기치 않은 한순간 육체적으로나 정신적으로나 평정을 유지하지 못하게 한 작은 돌발이 그 자신 내부에 고여 있던 죽음에 연관된 기억을 건드렸을지도 모른다. 그 타격감이 자기 안에서 발생한 것일 수도 있다는 짐작은 시에 구체적으로 진술되지 않지만 사건 현장에 아무 흔적이 없음을 확인하고도 의심과 불안을 거두지 못하는 '나'의 말("안에 고인 피는 죽음과 닿아 있잖아")에서 우리는 투명한 사색(死色)을 읽어낼 수 있다.

안부를 전하는 화자가 "괜찮지" 않은 상태라는 것을 알게 하는 더 구체적인 요소들이 있다. "또 언제 생긴" 건지도 모를 멍을 발견하고 근래 약의 용량을 늘렸다는 사실보다도 그런 일을 대수롭지 않게 여기는 '나'의 모습에서 심각한 불안정함이 감지되는 것이다. 이로써 마치 길 위에 아무 흔적이 남지 않았기에 꿩이 더 중대한 내상을 입었을 것이라고

여기는 '나'의 짐작을 뒤집어서, 아무 문제가 없음을 반복해서 확인하는 '나'의 내면에 죽음에 가까운 고통이 고여 있음을 추측해보게 된다. '나'의 내면은 자기를 찢는 듯한 위협으로 요동치지만 겉으로는 돌처럼 무감해 보인다.

    한낮에 생명이 없는 도로를 달리다
    무언가 울컥, 걸렸다
    무서운 마음이 들어 황급히 차를 세우고는
    사이드미러로 내가 밟은 것을 보았다

    돌이었다

    아니다
    그것은 물컹했다

    아니다
    그것은 딱딱했다

    아니다
    그것은 살아 있었다

    아니다
    그것은 돌이었다

돌이 살아 있다면 돌을 밟으면 안 되나?
　　돌이 죽어 있다면 돌은 사랑할 수 없나?

　　멈춰 선 나를 떠나는
　　차를 본다
　　내 차가 나를 두고 간다
　　　　　　　　　　　　　　　　　―「돌」부분

　「안부」와 「돌」은 연작처럼 읽힌다. 「돌」의 화자인 '나' 역시 불현듯 울컥, 타자와의 충돌을 감각한다. 자신으로 인해 타격이 가해진 타자의 충격감을 고스란히 되돌려받으면서 세계 내부의 자기를 확인한다고도 하겠다. 이 격돌감은 '사랑'이라는 특수한 감정과도 연관된다는 점에서 중요해 보인다. 이는 사랑에 대한 일반적인 묘사, 부드럽고 따뜻한 감각으로 주체를 감싸안아 세계로부터 보호하고 안정과 위안을 주는 것을 "울컥" 방해한다. 아니다. '나'의 운동을 돌연 방해하여 지속하지 못하게 하는 이 걸림이야말로 사랑을 확인시켜주는 것인지도 모른다. 모든 것이 예상대로, 어제처럼 오늘이 지속될 때는 있는 줄도 몰랐던 감정이야말로 우리를 살게 하는 마음의 핵심('노른자', 「안부」)이었을 것이며, 그것은 이처럼 우연한 격돌감 속에서 우리에게 전해져온다. 사랑을 발견하는 그 강렬한 사건은 무엇보다 '살아 있는 나'

를 세계로부터 떼어내는 일이기도 하다.

2

　강지혜 시의 화자는 모종의 사랑을 그처럼 자신이 세계에서 분리되는 실감으로써 말한다. 이번 시집의 서시이기도 한 「초식동물」은 "나의 파잔은 언제 어디서부터인가" 하는 물음으로 시작된다. 파잔(Phajaan)이란 일부 국가에서 아기 코끼리를 엄마로부터 떼어내 조련하는 방법을 일컫는 말이다. 아기 코끼리를 기둥 사이 좁은 공간에 묶어두고 굶기고 때리면서 야생성을 억압하는 것이다. 굶주림과 살이 찢어지는 아픔을 반복해서 경험한 아기 코끼리는 끝내 체념과 복종을 익힌다.

　　어느새 나는 커다란
　　공
　　위에 서 있었다

　　네 개의 발로 공을 굴리며
　　앞으로
　　뒤로
　　앞으로

긴 코를 들어 관객에게 인사를
비뚤어진 고깔모자를 바로잡는다

짝짝짝짝짝짝짝짝짝짝짝짝짝짝짝짝
짝짝짝짝짝짝짝짝짝짝짝짝짝짝
짝짝짝짝짝짝짝짝짝짝짝짝짝짝짝
—「초식동물」 부분

"부드러운 귀"와 "아직 덜 자란 상아"를 가진 아기 코끼리는 왜 "관객에게 인사를" 하며 곡예를 해야 하는가. 아기 코끼리의 자각("어느새 나는 커다란/ 공/ 위에 서 있었다")이 과연 자신의 자유와 존엄을 기반으로 하는가. 인용한 대목에서 보듯 객석에 가득찬 관객들이 치는 박수 소리 "짝"의 형상은 또한 아기 코끼리를 올라서게 하는 무대처럼도 보인다. 아기 코끼리가 공 위에서 위태롭게 서 있는 데에는 무대라는 근거가 작동한다. 무대가 있기에 공 위의 아기 코끼리가 있고, 파잔이 있다. 무대를 향한 박수 소리는 다시 파잔의 채찍질 소리가 된다.

이런 맥락에서 시의 화자 '나'가 "파잔"의 기원을 질문한 이유를 짐작해볼 수 있겠다. '나'는 자신의 근원으로부터 충분한 보살핌을 받지 못하고 예고 없는 공격을 받아들이는 것이 삶이라 학습하면서("뒤에서 다가오는 맹수의 이빨을/

평생 감각하면서") 거듭 자기 본연의 모습으로부터 의식적으로 멀어지고자("잃는다/ 내가 태어난 숲의 이름/ 잊어야 한다// 나의/ 이름") 하는 중일지도 모른다. 이러한 사정은 앞서 살펴본, 세계로부터 타격받음으로써 자기의 존재를 확인하고 그 충격 속에서 사랑을 발견하는 강지혜 시화자 특유의 모습과 조응한다. 언제 어디서 날아올지 모르는 몽둥이가 두려우면서도 그것을 기다리는 마음("덜덜 떨며"), 그것으로부터의 타격감이 중지되었을 때야 느껴지는 사랑("기다리다 날아오는 매를/ 정인(情人)처럼 반기면서/ 매질이 멈춘 순간을/ 되찾은 엄마 코끼리인 양"). 그러니 이 시집의 문을 여는 질문("나의 파장은 언제 어디서부터인가")은 이렇게 바꿔 쓸 수도 있겠다. '나의 사랑은 언제 어디서부터인가.'

엄마, 그거 알아?
문어는 심장이 세 개래

불길한 벨소리가 울린다
아슬아슬하게 조율된 악기의 현처럼
심장은 벼려진다

문어는 심장이 세 개고
나는 심장이 한 개인데

감당할 수 없는 혈류가
모여서 심방과 심실의 규칙이 엉망인데

비정형 흐름은
언제 튀어나올지 알 수 없어 무서운
어둠 속 무수한 발처럼
정수리를 쿵쿵쿵쿵
밟아댄다
　　　　　　　　—「문어는 심장이 세 개」 부분

　"비정형 흐름"은 이번 시집의 전반적인 분위기를 주조하는 표현이다. 시 속 화자가 상대하는 세계는 "언제 튀어나올지 알 수 없어 무서운" 것들이 도처에 도사리고 있는 곳이다. 이 존재론적인 불안과 공포는 우연성과 같은 삶의 속성에서 기인하기도 하지만 강지혜 시의 화자들은 이것이 나 자신과 세계를 사랑으로 이어주는 매개라는 것을 알고 있다. 오히려 화자들이 적극적으로 이 불규칙한 진동을 받아 안고자 하는 이유다.
　시 편편마다 그러한 태도는 '아이'의 목소리로 전해진다. "엄마, 그거 알아?"라는 저 천진난만한 물음은 세계를 발견하는 최초의, 또한 유일무이한 표현이다. 엄마는 예기치 않은 어느 날 쉼표 저편으로 아이를 떼어 보낸다. 저편의 세계는 무한한 발견의 장소여서 아이는 이편의 엄마에게로 거듭 새로운 것을 가져와 보여주려 하지만, 아이의 발과 말은 자꾸만 미끄러진다. 아이와 엄마 사이에 정확한 의미와 감정은 오고가지 못한다. 그처럼 "불길"하고 "아슬아슬"하기도 한 서로간의 열렬한 호응을 사랑이 아니면 무어라고 부를까.

또한 "엄마, 그거 알아?"라는 물음은 아이가 저편의 빛나는 것을 제 눈에 담아와 의기양양하게 하는 말이다. 아이가 이편과 저편을 오갈 때 그 문턱에 부딪히고 걸리는 소리가 "그거"이기도 하다. 곧장 나오지 않는, 자연스럽게 말이 되지 못하는 "그거"는 저편의 세계에서 고유하고 구체적인 것으로 풀이되며 금방 되살아날 것이다. 하지만 이편의 엄마와 저편의 아이가 스스로 발견한 앎의 세계 사이에 가로놓인 "그거"는 무의미의 함정 같아서 아이의 저 빛나는 생동감에 불안을 깃들게 한다. 허나 거듭 살펴보았듯 이러한 덜컹거림이야말로 강지혜 시 속 화자들이 사랑을 발견하는 계기다. 엄마와 아이 사이, 이편과 저편 사이의 "그거"는 위태롭고도 충만한, 아무것도 말해지지 않아서 모든 것을 채울 수 있는 빈 괄호처럼 무한히 열린 만남의 장소다. 아이는 엄마에게 말하고 엄마는 아이의 말로써 또한 자기를 점검한다. 심장박동과 혈류까지 지극히 느끼며. 그토록 무한히 흩어지고 모여드는, 예측할 수 없이 덜컹거리는 일이 사랑이 아니고서야 무엇이겠는가.

"엄마, 그거 알아?"에서 "그거"의 정체는 "문어는 심장이 세 개"라는 의외의 사실이었지만, 실상 신비한 것은 이 문어(問語)에 물음의 의도는 애초에 없었다는 점이기도 하다. 아이는 그저 이 말을 통해 자신이 경험한 세계를 소개할 뿐이다. 그러니 아이가 알게 된 답변의 주어(놀라운 발견)가 "문어"인 것은 의미심장하다. 의문문의 형식으로 열어 보이는 것은 타자적 세계이며 그 세계의 주인이 무엇보다도 '거듭 질문하는 일'로써 자신을 증명하는 아이라는 사실 때문이다.

이처럼 아이와 엄마, 두 세계의 중첩으로 사랑을 발견하는 계기는 때로 화자가 그 자신이 아이였을 때를 현재의 아이의 모습에 겹쳐보는 일로도 그려진다. 다음의 시에서라면 사랑은 타자에 대한 앎이 아니라 그 낯선 것에 자신을 겹쳐보고 조정하는 도중에 덮쳐오는 무엇이기도 하다.

오랜만에 스케이트를 신자, 발을 감싸는 뜨거운 체온,
내가 갈 방향을 내 마음대로 할 수 없다는 두려움과 흥분,
여기서는 넘어져도 괜찮다고
  인라인스케이트를 신고
  내리막길을 질주했던 열세 살의 내가 상급자 트랙에서
  이리저리 몸을 흔든다

  지금의 나는 롤러스케이트 위에서 위태롭게
  또한 신선하게 휘청이고

바퀴는 직선으로 굴리는 게 아니라
한 발 한 발 바닥을 지치며 나아가는 거야

어떤 흐름에 기어이 흔적을 내며 달려가는 일
심장의 박동을 숭배하는 일

저기 스케이트를 탄 네가 온다

나에게 와서
쓰러진다

열세 살의 나와 일곱 살의 너의
달뜬 얼굴로
　　　　　　　　―「비선형적 시간의 순간 너머」 부분

　아이와 함께 스케이트를 타는 화자는 과거와 현재로 나누어진, 멀리 떨어진 시간을 동시에 경험하고 있다. "오랜만에 스케이트를 신자" 어떤 감각들이 육박해온다. 그것은 "뜨거운 체온" "두려움" "흥분"처럼 비의지적으로 엄습하는 기억들이다. 마치 스케이트를 신는 순간 "내리막길을 질주했던" "열세 살의 나"로 돌아간 듯 말이다. 신체에 각인된 이 비의지적인 기억은 평소에는 겉으로 드러나지 않지만 세계와의 톱니바퀴가 맞물리는 우연한 순간 솟구쳐서 다시 기억 속으로 나를 되돌려놓는다("박자가 몸을 통하고/ 어쩔 수 없이 시간을 가둬"). 열세 살로 돌아간 "신선"한 화자 앞으로 일곱 살의 아이가 "갓 태어난 초식동물처럼" 걸어온다.

'비선형적 시간의 순간 너머'에는 무엇이 있나. 그에 대한 인식은 화자 '안'의 아이와 화자 '밖'의 아이가 동시에 존재하면서 그 둘이 겹쳐지는 순간에 발생한다("나에게 와서/ 쓰러진다"). 스케이팅에 서툰 아이가 위태롭게 달리다 엄마에게 쓰러져 안기는, 어쩌면 흔해 보일 수도 있을 이 장면에서 화자는 한순간 영원을 체감했을 수도 있겠다. 자신의 의지와 무관하게 구르는 바퀴 위에 선 두려움과 흥분은 열세 살의 자신을 불러내고 일곱 살의 아이로부터 전해져서 아이를 껴안는 순간의 떨림으로 새겨지고 화자는 새롭게 되살아난다. 이처럼 "어떤 흐름에 기어이 흔적을 내며 달려가는 일/ 심장의 박동을 숭배하는 일"은 타자성에 내맡겨진 채 자기를 발견하는 일, 아이를 받아 안으며 어린 자신의 "달 뜬 얼굴"을 마주보는 일이다.

3

세로로 쓰인 이채로운 시 「자왈」의 한 대목을 옮겨보자. "풀 일어선다 가지 엉킨다 너와 껴안는다 기시감이 우리를 구원할 것/ 엄마, 나무는 뭐야? 엄마, 풀은 뭐야? 대답할 수 없는 날들 숱한 날이/ 세로로 세로로 자란다/ 뒤엉킨다 낳는다는 행위는 자란다는 행태와 같은가? 어머니에게서 내게로/ 내려온 피 내가 딸에게 준 피 내 딸이 다시 내게 준 초록 내가 내 어머니에게/ 준 초록 어머니가 세상에서 뽑혀나간 어머니의 어머니에게 준 초록". 엄마인 '나'가 경험한 사랑은 아이를 향해서가 아니라 아이로부터 비롯하는 것임을 우리는 알게 된다. 사랑은 우리의 의지로 취하는 것이 아니라 우리에게 쏟아지는 것이라고도 하겠다.

강지혜의 앞선 시집에 비해서는 양적으로 줄었지만 이번 시집 역시 '엄마'라는 존재가 그 중심에 있다. 엄마라는 명명은 출산과 양육이라는 생물학적인 혈연관계를 전제로만 하지 않는다. 눈 밝은 독자라면 눈치챘겠지만 그의 시에서 화자가 스스로를 엄마라고 의식하는 순간은 자발적인 자기 호명과는 거리가 멀다. 오히려 그것은 심장의 박동처럼 불수의근에 의해 발생하는 일시적 주체성 같은 것이다. 가령 문득 아이가 엄마라고 부를 때, 매일같이 개와 산책할 때, 데모 집단에 가로막혀 집에 혼자 있을 동생에게 가는 길을 찾지 못하고 헤매던 어린 '나'를 돌봐준 얼굴 없는 청년의 다정함이 수십 년 후 다시 떠오를 때, "여기 또 있다!"(「호박」)라고 소리치며 호박을 잘도 찾는 엄마를 지켜볼 때 그것은 발생한다.

다시 말해 엄마가 발생하는 조건은 여성이거나 아이를 앉거나 양육하는 것과 무관하다. 이 세계에서 그 자신의 엄마로부터 발생하지 않은 생명은 없고, 때문에 강지혜의 시에 따르면 우리 모두의 내부에 엄마의 목소리가 담긴 큐폴라가 있기 때문이다. 엄마의 목소리는 과거(아이였던 나의 시간)와 미래(나의 아이의 시간)를 잇대어놓으면서 유한한 존재로서의 나의 삶을 인간 보편의 역사로 확장시킨다. 엄마의 목소리는 나의 고통과 불안이 개별적인 것이 아니며 다른 존재와 잇닿아 있음으로 인해 생겨나는 것임을 일러준다. 아이가 "*엄마, 나 배 아파*" 할 때 엄마는 아이의 배에 손을 얹고 문질러 온기를 옮긴다(「배와 배」). 그때 엄마의 손이 아이의 배를 문지르면서 옮겨지는 것은 체온만이 아니다. 오랫동안 전수된 '너의 치유를 바라는 접촉'에는 수많은 불면과 안도의 시간이 겹쳐져 있다. 그 시간이 "기어이 터 오는 동"처럼 아이가 스스로 "바다"(같은 시)를 찾아가게 할 것이다. 강지혜의 시는 마침내 왔고 다시 오고 있을 그 시간에 관한 기록이다.

강지혜 2013년 『세계의문학』을 통해 작품활동을 시작했다. 시집 『내가 훔친 기적』 『이건 우리만의 비밀이지?』, 산문집 『오늘의 섬을 시작합니다』 『내가 감히 너를 사랑하고 있어』 등이 있다. 시와 산문을 쓰면서 제주에 살고 있다.

문학동네시인선 246
문어는 심장이 세 개
ⓒ 강지혜 2025

초판 인쇄 2025년 12월 2일
초판 발행 2025년 12월 16일

지은이 | 강지혜
책임편집 | 정민교
편집 | 김내리
디자인 | 수류산방(樹流山房) 본문 디자인 | 최미영
저작권 | 박지영 형소진 주은수 오서영 조경은
마케팅 | 정민호 서지화 한민아 이민경 왕지경 정유진 한경화 정경주 김혜원
    김예진 이서진
브랜딩 | 함유지 박민재 이송이 박다솔 조다현 김하연 이준희
제작 | 강신은 김동욱 이순호
제작처 | 영신사

펴낸곳 | (주)문학동네
펴낸이 | 김소영
출판등록 | 1993년 10월 22일 제2003-000045호
주소 | 10881 경기도 파주시 회동길 210
전자우편 | editor@munhak.com
대표전화 | 031) 955-8888 팩스 | 031) 955-8855
문학동네카페 | http://cafe.naver.com/mhdn
인스타그램 | @munhakdongne 트위터 | @munhakdongne
북클럽문학동네 | http://bookclubmunhak.com

ISBN 979-11-416-0269-7 03810

* 이 책의 판권은 지은이와 문학동네에 있습니다. 이 책 내용의 전부 또는 일부를 재사용
  하려면 반드시 양측의 서면 동의를 받아야 합니다.

잘못된 책은 구입하신 서점에서 교환해드립니다.
기타 교환 문의: 031) 955-2661, 3580

www.munhak.com

문학동네